HÄUSER IN

AMBIENTE UND LEBENSART

MEXIKO

Fotografien von
TIM STREET-PORTER

Texte von
ANNIE KELLY

Mit einem Vorwort von
MANOLO MESTRE

Aus dem Englischen von
ULRIKE HANSELLE

KNESEBECK

■ SEITE 1: Vom Wohnsitz der Mascarenas aus blickt man über den Stausee Miguel Alemán in Valle de Bravo. Das Haus wurde von Manolo Mestre entworfen.

SEITE 2: Eine der Ruinen der Hacienda Puerta Campeche wurde in einen seichten Swimmingpool verwandelt, der sich durch mehrere Räume erstreckt.

SEITEN 6/7: Das von Duccio Ermenegildo entworfene Pool-Haus für Alix und Goffredo Marcaccini hat elegante Einbausofas. Die Kissen wurden aus handgewebten mexikanischen Stoffen gefertigt.

Bibliografische Information Der Deutschen Bibliothek

Die Deutsche Bibliothek verzeichnet diese Publikation

in der Deutschen Nationalbibliografie; detaillierte bibliografische Daten

sind im Internet über http://dnb.ddb.de abrufbar.

Titel der Originalausgabe: *Casa Mexicana Style*

Erschienen bei Stewart, Tabori & Chang, New York 2006

Copyright Fotos © 2006 Tim Street-Porter

Copyright Text © 2006 Annie Kelly

Deutsche Erstausgabe

Copyright © 2007 von dem Knesebeck GmbH & Co. Verlags KG, München

Ein Unternehmen der La Martinière Groupe

Produktion: Kölner Medienbüro

Lektorat: Dr. Doris Hansmann

Satz: ce redaktionsbüro für digitales publizieren, heinsberg

Druck: SNP Leefung, Hongkong

Printed in China

ISBN 978-3-89660-424-8

www.knesebeck-verlag.de

Inhalt

VORWORT: Mexiko – ein Lebensgefühl   8

EINFÜHRUNG: Spiegel des mexikanischen Stolzes   13

KAPITEL 1: Mexiko-Stadt und Valle de Bravo   17

KAPITEL 2: San Miguel de Allende   51

KAPITEL 3: Die Hazienda   85

KAPITEL 4: Häuser am Meer   153

Vorwort

MEXIKO –
EIN LEBENSGEFÜHL

■ Auf einer ihrer Mexiko-
reisen stießen Manolo
Mestre und Tim Street-
Porter in Michoacán
zufällig auf diese ländliche
troje, das Haus eines
Ureinwohners.
RECHTE SEITE: Der aktive
Volcán de Fuego, gesehen
von der Hacienda de San
Antonio in Colima.

MEXIKO IST NICHT EINFACH NUR EIN LAND, ES IST
auch ein Lebensgefühl und steht für eine Kultur, die auch heute
noch in unzähligen, beeindruckenden Zeugnissen zu finden ist.

Schon bevor die Spanier kamen, gab es in Mexiko Städte mit
einer einzigartigen urbanen Entwicklung, entdeckt in Hunderten
von archäologischen Stätten, wie zum Beispiel Chichén Itzá auf der
Halbinsel Yucatán, Monte Albán im Oaxaca-Tal und Teotihuacán in
Zentralmexiko. Heilige Stätten und Bauwerke für die Götter bezogen die Landschaft ein. Die Architektur war für ein Leben unter
freiem Himmel gemacht, wo die Pyramiden lange Schatten in der
Morgendämmerung und bei Sonnenuntergang werfen.

Im frühen 16. Jahrhundert – kurz nach der Vertreibung der
Mauren aus Südspanien 1492 und der Entdeckung Amerikas im sel-
ben Jahr – eroberten die Spanier das heutige Mexiko. Die maurische
Architektur war schnell von den Spaniern aufgenommen worden
und fand bereits in dieser frühen Phase den Weg nach Neuspanien.
Die spanischen Einflüsse verschmolzen mit der einheimischen
Architektur zu einer neuen, ganz eigenen Art der Baukunst. Aus
der Mischung dieser beiden Stile entstand die Einzigartigkeit des
mexikanischen Hauses, das dem Klima entspricht und sich in seine
Umgebung einfügt. Auch der Glanz der spanischen Renaissance
beeinflusste die Gestaltung der Gebäude in diesem seltsamen, von
Vulkanen übersäten Land.

Mauern präsentierten sich wie leere Leinwände, auf die
Schatten fallen und die Illusion komplexer Schnitzereien her-
vorrufen. Die neue Architektur kam aus der Erde, erbaut aus
den natürlichen Elementen der Umgebung: Lehmziegel, Stein

und manchmal poröser Vulkanstein, durch den das Gewicht der Konstruktion reduziert wurde.

Alles in Mexiko dreht sich um Emotionen. Man feiert die schönen Seiten des Lebens mit einem Tequila in der Hand, beim Betrachten der blutrot untergehenden Sonne am Meer oder bei einer genussreichen Mahlzeit im Schatten einer hölzernen Pergola. Es geht um Empfindungen: Um das Berühren einer polierten und mit Kaktussäften behandelten Wand, das Betasten von Seide oder das Gefühl, wenn man barfuß auf einem Fußboden aus aufgerautem Zement und Marmor umherläuft.

Ohne es zu merken, dringen wir vom Innen- in den Außenbereich vor – das Dach wirkt wie ein Hut, der uns vor dem starken tropischen Sonneneinfall schützt, aber gleichzeitig Luft durch die Räume strömen lässt. Das Leben ist einfach, aber raffiniert. Die mexikanische Architektur ist außergewöhnlich. Sie ist erdgebunden, steht sicher auf dem Boden und manchmal scheint

En una ocasión me pidieron que disenara una casa que fuera mariposa y volara . . .
que fuera grillo y cantara . . . Esta es la poesía que envuelve a la casa Mexicana.

es gar, als sei sie aus ihm herausgeschnitten. Bei einem Marktbesuch wird außerdem schnell klar, warum Farben ein fester Bestandteil von Architektur und Innenausstattung sind.

Ich erinnere mich an eine Fahrt durch die mexikanische Landschaft auf einer der vielen Reisen mit Tim. Plötzlich sah ich eine Holzhütte, die mit Blumen übersät war. Sie steckten in Motoröl-Dosen, die an die Wand genagelt waren. Wir klopften an, und als die Tür aufging, eröffnete sich uns eine ganze Welt voller neuer Eindrücke – wir waren gefesselt von der Fülle, die uns in diesem einfachen, nur 35 Quadratmeter großen Raum entgegenschlug.

Als Architekt habe ich die heilenden Eigenschaften der mexikanischen Gestaltung untersucht, die Freude ausstrahlt und immer von Farben gesättigt ist. Einmal bat man mich darum, ein Haus zu gestalten, das wie ein fliegender Schmetterling sein sollte … wie ein Grashüpfer, der singen kann … Das ist die Poesie der mexikanischen Empfindsamkeit, eine echte Casa Mexicana.

Einführung

SPIEGEL DES MEXIKANISCHEN STOLZES

MEXIKO IST EIN LEIDENSCHAFTLICHES LAND.
Egal, von welchen Vorfahren ein Mexikaner abstammt, ob von spanischen, anderen europäischen oder vielleicht sogar afrikanischen (besonders entlang der karibischen Küsten), allem voran ist er Mexikaner – und stolz darauf.

Der Lebensstil der großen Maya-, Azteken- und Olmeken-Kulturen, der im späten 15. Jahrhundert vor der Ankunft der Spanier das Land dominierte, hat sich bis heute recht unverändert erhalten. Damals lebten die Menschen überwiegend von Getreide, Bohnen, Chilis und Tortillas, tranken Schokolade und bereiteten Pulque zu, den Wein aus der Agave. Die *metates*, Reibsteine zum Zermahlen des Getreides, die von Archäologen ausgegraben wurden, sind fast identisch mit denen in heutigen Küchen. Die ersten Mexikaner waren weitestgehend Vegetarier, nur hier und da aßen sie auch Fisch, Putenfleisch und Wachteln; wie ihre heutigen Nachfahren liebten sie stark gewürzte Gerichte und rauchten nach dem Essen Tabak. Auf den Märkten verkauften sie Honig, Obst, Gemüse, Vanille, Gummi, Baumwolle und Tonwaren.

Ihre Häuser, errichtet aus Materialien der Umgebung, waren dem Klima angepasst und den einfachen Dorfhäusern, die man noch heute auf dem Lande findet, sehr ähnlich. Sie hatten keine Fenster und zur Straße hin zeigte sich eine Holz- oder Steinfassade mit Strohdach. Ihre Türen standen immer offen; nur manchmal

■ Die vergoldete Innenausstattung einer reich verzierten Kirche in Puebla. LINKE SEITE: Eine Blumenverkäuferin aus Valle de Bravo arrangiert Callas für den Markt.

waren sie mit Stoffen verhängt, an denen kleine Glöckchen hingen. Der aztekische Adel lebte in Häusern mit rot oder weiß getünchten Steinmauern, die Innenhöfe mit Blumen und Brunnen umfassten. Vor den Fenstern hingen Vorhänge aus Stoff. Da die Mexikaner häufig badeten, gab es in vielen Häusern Saunen oder Badehäuser.

Als die Spanier ins Land kamen, waren sie überwältigt von der großen Stadt Tenochtitlán (heute Mexiko-Stadt), deren Ausmaße die von Madrid bei Weitem übertrafen. In ganz Mexiko fanden sie eine Architektur vor, die sie in ihrer Dimension, Komplexität und Ausgereiftheit tief beeindruckte. Noch heute finden wir in unzähligen archäologischen Stätten überall im Lande Spuren dieser kunstvollen Bauwerke, die den Grundstein für die bis heute anhaltende Liebe der Mexikaner zur Architektur legten.

Tatsächlich war die bedeutendste Errungenschaft Neuspaniens seine Architektur. Die Spanier waren bereits große Baumeister gewesen, und das Aufeinandertreffen von traditioneller spanischer Architektur und indianischer Handwerkskunst brachte einen neuen Stil hervor. So wurden die Kirchen zunächst in spanischer Bauweise errichtet, während ihre Ausgestaltung von den Mayas oder Azteken geprägt war. Mit der Zeit aber verschmolzen beide Traditionen zu einer neuen Gestaltung, und die Gotteshäuser wurden anmutiger.

Obwohl die Spanier Weizen, Pferde, Rinder, Schweine und Schafe sowie Trauben und Oliven ins Land brachten, blieb der mexikanische Speiseplan im Wesentlichen derselbe wie zuvor. Heute, nach 500 Jahren, können wir also sicher sein: An keinem Ort des Landes werden die Mexikaner jemals ihre Leidenschaft für das Essen, für Musik, Farben und Blumen verlieren. Noch immer spielen die Musiker in den Straßen der Städte Marimba und singen *corridos,* und bei den farbenfrohen Umzügen an religiösen Feiertagen werden heute Abbilder von christlichen Heiligen anstelle der aztekischen Götter getragen. Nach wie vor kann man in vielen kleinen Städten Häuser mit schlichten Fassaden entdecken, hinter denen sich große Patios voller Pflanzen öffnen, während auf den nahe gelegenen Märkten – in bunten Reihen wunderschön ausgelegt – dieselben Waren wie in präkolumbischen Tagen angeboten werden.

In diesem Buch haben wir uns auf vier Regionen beziehungsweise Architekturformen konzentriert, die den Charme und Charakter mexikanischer Häuser ausdrücken. Eine spezifisch mexikanische Version der modernen Architektur findet man in den

Bergen um Mexiko-Stadt herum und in Valle de Bravo. Ein anderes Kapitel ist den Häusern von San Miguel de Allende gewidmet, da sie typisch für die Stadthäuser in ganz Mexiko sind. Mexikos Haziendas wurden als Anwesen der Großgrundbesitzer gebaut. Hier treffen wir auf eine in spanischen und europäischen Baustilen wurzelnde Architektur, die so prächtig und reichhaltig ist, dass sie ein eigenes Kapitel verdient. Den letzten Teil widmen wir den Wohnsitzen entlang der mexikanischen Küste mit ihren einzigartigen, sofort wiedererkennbaren Elementen.

Jede dieser Architekturformen steht für den jeweiligen regionalen Lebensstil und alle spiegeln eines ganz eindeutig wider: den mexikanischen Stolz. Wir können viel von den Lebensentwürfen dieser alten Kultur lernen, denn sie harmonieren in vollkommener Weise mit dem Wesen der Menschen.

Die strohgedeckten Häuser auf dem Lande, wie hier an der Küste von Yucatán, werden seit Hunderten von Jahren im selben Stil gebaut.
LINKE SEITE: Eine Zapotekin auf dem Obstmarkt in Oaxaca.

Annie Kelly

Als Hernán Cortés und sein Gefolge den Bergkamm erreicht hatten und zum ersten Mal das mexikanische Hochland sahen, waren sie sprachlos. Zwischen den Vulkanen Popocatépetl und Iztaccíhuatl mit ihren schneebedeckten Gipfeln sahen sie Dörfer und Städte, die in einen großen See gebaut waren. Tempel und Häuser ragten wie eine Vision aus dem Wasser. Da die Azteken keine Pferde oder Karren hatten, ver-

MEXIKO-STADT UND VALLE DE BRAVO

wendeten sie Wasser für den Transport von Personen und Gütern. Glitzernde Kanäle zogen sich kreuz und quer durch die Siedlungen und reflektierten den Himmel.

Wo sich damals der See befand, liegt heute die Mega-Metropole Mexiko-Stadt, und anstelle der Städte, die die Spanier gesehen hatten, breiten sich nun die Vororte in einem rasanten Tempo aus.

Unter Umweltgesichtspunkten ist Mexiko-Stadt eine Katastrophe – das verhängnisvolle Ergebnis einer unkontrollierten urbanen Entwicklung. Aber die Stadt ist noch immer voller Schätze: Hier finden sich bedeutende Museen, archäologische Entdeckungen, Architektur von Weltklasse und eine reiche kulturelle Atmosphäre. In Mexiko-Stadt fanden wir zum Beispiel ein Apartment von Manolo Mestre, welches die anspruchsvolle städtische Lebensweise widerspiegelt, und ein Haus, das der große mexikanische Architekt Luis Barragán in Tacubaya, Mexiko-Stadt, für sich selbst entwarf.

Dieses Kreuz in der Kapelle Capuchinas Sacramentarias wurde von Luis Barragán entworfen. RECHTE SEITE: Ein privater Steg führt von einem Haus auf den Stausee Miguel Alemán hinaus.

CASA BARRAGÁN

ALS DIE INTERNATIONALE MODERNE IN MEXIKO Einzug hielt, bekam sie eine eindeutig mexikanische Note, die man an fast jedem neuen Gebäude in Mexiko erkennen kann. Zurückzuführen ist dies auf den Architekten Luis Barragán, dessen Name wie kein anderer für mexikanische Architektur und mexikanisches Design des 20. Jahrhunderts steht. In seine international anerkannten Entwürfe integrierte er die über tausendjährige, reiche Gestaltungstradition Mexikos.

1948 baute Barragán sein eigenes Haus im Tacubaya-Viertel von Mexiko-Stadt. In seinen ersten Jahren als Architekt hatte er bereits viele seiner Ideen beim Bau von Häusern für andere Bauherren entwickelt. Nun hatte er die Gelegenheit, für sich selbst zu experimentieren. »Ich wollte fühlen, dass ich in Mexiko lebe, und ich lehnte all die künstlichen und überladenen französischen Stile ab, die damals in Mode waren«, erklärte der Architekt 1962 in einem Interview mit Alejandro Ramirez. »Ich habe dieses Haus nach meinem eigenen Geschmack gestaltet. Es bringt meinen Sinn für Nostalgie und mein Verständnis von Komfort zum Ausdruck.«

Barragán beschäftigte sich intensiv mit der Frage, was ein Haus zu einem komfortablen Lebensraum macht. Besonders wichtig war ihm die Verbindung zum Garten. Er erkannte die Bedeutung ansprechender Außenräume, die als Verlängerung der Lebensbereiche in den Häusern fungierten.

■ Der Treppenaufgang der Casa Barragán scheint in der Luft zu schweben. LINKE SEITE: Barragáns Verwendung von Pinktönen hat eine ganze Generation von Architekten beeinflusst.

Er hielt nichts von den Fensterfronten, die andere Architekten der Moderne gerne für die zur Straße gerichteten Fassaden verwendeten. Seiner Meinung nach nehmen diese den Bewohnern die Privatsphäre – sie fühlen sich nicht mehr zu Hause. In seinen eigenen Entwürfen schirmte er die Bewohner zur Straßenseite hin ab. Große Fenster liegen bei ihm in der Regel zu einem Garten oder Patio hin, und die Wände sind oft in kräftigen mexikanischen Farben gestrichen.

Die Privatsphäre in seinem eigenen Haus intensivierte er dadurch, dass er es nach innen auf einen großen, poetischen Garten am Ende des Grundstücks hin ausrichtete. Barragán ist auch für seine Landschaftsgestaltung bekannt, die besonders in den *Jardines del Pedregal* im Süden von Mexiko-Stadt zu bewundern ist. In seinem eigenen Garten gelang es ihm, eine besonders inspirierende und besinnliche Atmosphäre zu schaffen.

Das in einer ruhigen Einbahnstraße gelegene Haus fügt sich perfekt in die umliegende Architektur ein und unterscheidet sich von ihr nur durch das große Fenster zur Straße hin, das jedoch so hoch oben eingelassen ist, dass man von innen in den Himmel hineinsehen kann. Hier zeigt sich ein wichtiges Element in Barragáns Arbeit, dem es gelingt, lichtdurchflutete Häuser zu schaffen, ohne die Privatsphäre zu verletzen.

Konsequent verfolgt er die Abschaffung überflüssiger visueller Elemente, wobei die städtische Umgebung keine Ausnahme bildet. Barragán entwarf auch viele Außenbereiche, darunter Dachterrassen, bei denen die hohen Wände nur den Blick auf den Himmel freigeben. Sein strahlendes Blau wurde in die abwechslungsreiche Farbpalette des Hauses integriert, dessen Wände in Gelb oder satten Pinktönen gestrichen waren.

Zu den am häufigsten kopierten Elementen dieses Hauses gehört wohl die »schwebende« Treppe im Hauptwohnbereich, die mit einer ausgefeilten Konstruktion in die anliegende Wand eingelassen ist.

Der Meister der modernen Architektur starb im November 1988. Die Casa Barragán ist heute ein öffentliches Museum.

■ Dieser friedliche Essbereich ist zum Garten hin geöffnet. Bei Barragán, der zunächst als Landschaftsdesigner bekannt wurde, nahm der Garten immer einen bedeutenden Raum als Teil seiner Architektur ein.

DER ARCHITEKT UND BESITZER DIESES APART-
ments ist häufig auf Reisen und arbeitet auf der ganzen Welt. Und
doch wirkt Manolo Mestres Domizil, als würde er nie das Haus verlassen. Er erklärt es so: »Mein Herz schlägt in Mexiko. Ich möchte
den Dialog zwischen den Perioden mexikanischer Geschichte zeigen, die ein Teil meiner Kultur und meiner Vorfahren sind.« Viele
der Artefakte wurden beim Bau seiner Häuser in ganz Mexiko gefunden, den Rest trug er sorgfältig im Laufe seines Lebens zusammen.

Wie die meisten mexikanischen Architekten ist auch Mestre
vom spezifischen Stil der mexikanischen Moderne beeinflusst, der
in der Vergangenheit des Landes wurzelt. Viele präkolumbische
Ruinen haben die Schlichtheit modernistischer Gebäude, und die
traditionelle Verwendung leuchtender Farben hat die gesamte
Kultur beeinflusst.

DAS MESTRE-APARTMENT

Dieses Haus aus den 1940er Jahren liegt in einer ruhigen
Straße in Lomas de Chapultepec, einem modernen Wohngebiet
aus den 1920er Jahren. Die architektonische Schlichtheit der Umgebung inspirierte Mestre zu lichtdurchfluteten Räumen, die
er seinem Lebenswandel entsprechend gestaltete. Seine Rolle als
leidenschaftlicher Gastgeber erhielt dabei einen ebenso passenden
Rahmen wie seine expandierende, museumswürdige Kunstsamm-
lung, die Bücher, Artefakte und kolonialen Möbel beinhaltet.

Mestre zog niedrige Mauern und Zwischenwände in verschiedenen kräftigen Farben in allen Hauptbereichen des Hauses
ein, wodurch sich visuelle und strukturelle Veränderungen der
Räume ergaben. Er wählte nur Farben der alten Aztekenhäuser in

■ Der von einem india-
nischen Schamanen
geschnitzte Hund bewacht
den Eingang.
LINKE SEITE: Das mit
Rohseide gepolsterte
Sofa erhält einen Akzent
durch das Kissen mit dem
traditionellen Muster
des afrikanischen Kuba-
Volkes. Die dunkelgraue
Flanellwand bildet einen
perfekten Hintergrund
für Mestres Bilder und
Steinmasken.

■ OBEN: Durch einen
schrägen Durchgang gelangt
man von der Eingangshalle
ins Wohnzimmer.
LINKS: Da das Esszimmer
keinen Ausblick nach
draußen hatte, entwarf
Mestre einen vergitterten
Sichtschutz, der zwar
Licht durchfallen lässt,
aber gleichzeitig das
Ankleidezimmer dahinter
vor Blicken schützt.
RECHTE SEITE: Der Flur und
das Schlafzimmer wurden
architektonisch aufgewertet,
indem Mestre die Decke mit
Holzbalken absenkte.

■ Skulpturale, von dem Künstler Donald Judd inspirierte Regalbretter dienen als Ablage für Mestres Pullover und T-Shirts im Ankleidezimmer. RECHTE SEITE: Die Schlafzimmerwände sind mit Flanell verkleidet, das schalldämmend wirkt und so den Lärm der Stadt ein wenig abhält. Der Bettbezug ist ein Souvenir von der letzten Indonesien-Reise. Durch das Fenster blickt man in einen kleinen Garten.

Teotihuacán, die für ihn den »Komfort des Lebens in der Unterwelt« repräsentieren.

Mithilfe eines hölzernen Sichtschutz gelangen Licht, Farbe und natürliche Materialien in das Esszimmer. Er wurde in den Rahmen des großen Fensters eingelassen und ersetzt Vorhänge und Gardinen, die das Zimmer möglicherweise verdunkelt hätten.

Mestre hat keine Angst vor satten Farben. Die Wände seines Wohnzimmers beispielsweise sind mit dunkelgrauem Flanell ausgekleidet, das den Raum erdet und einen ruhigen, geordneten Hintergrund für die Gemälde, Skulpturen, Masken und Möbel schafft. »Dadurch wird die Kunst in den Vordergrund gerückt«, so Mestre, »außerdem verleiht es dem Apartment eine gedämpfte und friedliche Atmosphäre, besonders nachts.«

Durch die funkelnden, silbernen Kerzenleuchter und die vergoldeten Bilderrahmen entsteht in diesem Raum eine kostbare und dennoch behagliche Atmosphäre. Die Bücherstapel auf dem alten, hölzernen Beistelltischchen liegen verlockend neben dem Sofa aus Rohseide mit seinen vielen Kissen.

Die Privatbereiche des Apartments erreicht man über einen langen Korridor, der durch eine gelbe Wand abgeschirmt ist. Wie eine Nabelschnur zieht sich der Flur von den öffentlichen zu den privaten Räumen: Mestre senkte die Decke mit rot gestrichenen Holzbalken ab.

Das Schlafzimmer ist Teil eines Komplexes von drei Räumen, zu denen auch ein Ankleidezimmer gehört, das ständig mit Koffern gefüllt ist. Die Kleidung ist hier schnell zu finden; Pullover und T-Shirts liegen auf Regalbrettern, die von Donald Judd inspiriert sind. Die einladende weiße Hängematte zieht sich quer durch den Raum und erinnert an die tropischen Strandhäuser, die zu Mestres bekanntesten Architekturprojekten zählen.

Zu den Besonderheiten dieses Apartments gehören auch die tagsüber ständig wechselnden Lichtspiele. Mestre durchdachte die Gestaltung jedes einzelnen Fensters sorgsam, so dass der Gang durch das Haus zu einem Erlebnis wird: Jede Tageszeit bietet neue Überraschungen.

Wie die auf die Innenbereiche konzentrierte Architektur von Luis Barragán ist auch das Ambiente dieses Apartments unabhängig von der äußeren Umgebung. Dadurch wird es zu einem Rückzugsort vom lauten und geschäftigen Treiben draußen in der Stadt.

VALLE DE BRAVO

■ Die Stadt Valle de Bravo liegt am Ufer des Stausees Miguel Alemán.
RECHTE SEITE: Manolo Mestre gestaltete diesen halbkreisförmigen Swimmingpool, der eine Aussicht auf ein kleines Tal nahe der Stadt gewährt.

IM VORNEHMEN VALLE DE BRAVO IST DIE GEBIRGS-luft frisch und von Kiefernduft erfüllt. Grund genug für wohlhabende Mexikaner, an Wochenenden vor dem Smog von Mexiko-Stadt hier-her zu flüchten. Die 90-minütige Fahrt führt durch eine wundervolle Berglandschaft. Valle de Bravo ist ein stilvoller Naherholungsort am Stausee Miguel Alemán. Mehrere Generationen mexikanischer Familien haben hier ihre Domizile errichtet, die entweder in den waldigen Hügeln rund um das Wasser verstreut oder in die liebliche Kolonialstadt im Mittelpunkt des Tales platziert sind.

Um den ländlichen Charakter der Gegend zu bewahren, legen lokale Regelungen die Gestaltung von Gebäuden auf typisch mexika-nische Elemente wie Ziegeldächer, verputzte Wände und natürliche Materialien fest. Viele von Mexikos bekanntesten Architekten haben hier Häuser gebaut, darunter Ricardo Legorreta, José de Yturbe, Manolo Mestre und Enrique Norten, der vom Bürgermeister über-zeugt wurde, seine berühmte rigorose und modernistische Ästhetik beim Entwurf seines Wochenendhauses einzuschränken.

DER AUSGEDEHNTE UND WUNDERSCHÖNE STAU-
see von Valle de Bravo wurde 1938–47 angelegt, um Energie
für Mexiko-Stadt zu liefern. Er verwandelte die ursprüngliche
Bergarbeiterstadt in einen malerischen Erholungsort. Manolo Mestre
hatte bereits an die 30 Häuser im Tal gebaut, als ihn Guillermo und
Olga Mascarenas baten, ihr sumpfiges, 1 250 Quadratmeter großes
Grundstück umzugestalten. Es war eine Herausforderung, ein Haus
zu bauen, das die überwältigend schönen Ausblicke zur Geltung

DER WOHNSITZ DER
MASCARENAS

brachte, aber gleichzeitig die Privatsphäre vor den Nachbarhäusern
abschirmte, die sich oberhalb des Grundstücks den Hügel hinauf
erstreckten.

Das aus Holz und Putz gefertigte Haus umrahmt eine
Terrasse mit zentralem Pool und Blick auf den See. Die wichtigsten Wohnbereiche liegen an einer Seite des Hauses. Über dem
niedrigen Wohnzimmer fügte Mestre eine Reihe von Obergaden-
Fenstern ein, die von oben her Licht in den Raum lassen. Ein
weniger meisterhafter Architekt hätte möglicherweise herkömm-
liche Dachflächenfenster eingesetzt, aber Mestre achtete darauf,
dass das Haus von oben nicht einsehbar ist. (Man kann von vielen
oberhalb gelegenen Häusern darauf sehen, einige von ihnen hatte
er selbst entworfen.)

Das Haus der Mascarenas ist modern und wirkt sehr orga-
nisch. Im Wohnraum grenzen verputzte Flächen an eine mit der
Machete bearbeitete Steinwand. Die gewaltigen, handgearbeiteten
Deckenbalken verleihen dem Raum Dimension und Spannung.
Handgewebte mexikanische Textilien und Keramiken machen die
landestypische Atmosphäre aus, behagliche Kiefernholzböden lei-
ten zu den natürlichen Terrakottafliesen auf der Terrasse über. Der
Außenbereich ist wie ein Wohnraum eingerichtet, denn das milde

■ In der Ecke des
Wohnraumes treffen
Gipsputzwände auf
eine mit der Machete
behauene Steinwand.
Der Kaffeetisch und
das mit handgewebten
mexikanischen Stoffen
geschmückte Sofa sind
Entwürfe von Mestre.
SEITEN 34/35: Vom See
aus kann man deutlich
sehen, wie Mestre das
Haus um den Pool
herum plante, um ein
Höchstmaß an frischer
Luft und Sonnenschein
einzufangen.

Klima im Tal ist perfekt für das Leben im Freien. Bequemes *Equipal*-Mobiliar aus Schweinsleder und Holz lädt zu einem Seeblick oder zum Frühstück am Pool ein.

Der Speisesaal grenzt an eine schmale, ländliche Küche, in der sich eine antike, geschnitzte Holzkommode aus dem 18. Jahrhundert findet, die aus Olgas Familie stammt und von volkstümlicher mexikanischer Töpferware umgeben ist. Dies alles fügt sich hervorragend in den modernen Raum ein, für den natürliche Materialien und handbereitete Wandfarbe verwendet wurden. Sogar die moderne Beleuchtung ist verdeckt; sie wurde diskret in die Decke eingegliedert. Eine in den Boden eingelassene Abgrenzung mit mixtekischem Schlüsselmuster trennt den Raum von der Terrasse.

Im anderen Flügel des Hauses befinden sich die zum See hin gelegenen Schlafzimmer. Der Hauptschlafraum wurde mit einem kleinen Kamin ausgestattet, was sehr angenehm in Valle de Bravo ist, wo die Abende wegen der Höhenlage oft sehr kühl sind. Die Fenster rahmen einen herrlichen Blick auf den See und den Cerro Gordo, einen kleinen erloschenen Vulkan.

■ *Equipal*-Möbel sind für ein beschauliches Frühstück aufgestellt, bei dem man den Seeblick genießen kann.
RECHTE SEITE: Die Gästebetten werden von mexikanischen Engeln und einem Kruzifix bewacht. Sie sind mit Bettdecken und Kissen aus Oaxaca ausgestattet, die von Cuna-Indianern aus Panamá hergestellt wurden.

CASA COLORADA

DEM ARCHITEKTEN RICARDO LEGORRETA GELANG mit dem Bau der vornehmen Casa Colorada 1996 eine Synthese aus Skulptur und Baukunst. Das Haus gilt als eines seiner gelungensten Projekte. Der namhafteste Architekt seiner Generation errichtete Wohnhäuser, Museen und Firmengebäude auf der ganzen Welt.

Zusammen mit seinem Sohn Victor konnte Legorreta hier seinen meisterhaften Umgang mit architektonischen Formen und

■ Der runde Vorhof des Hauses ist von hoher skulpturaler Qualität.
LINKE SEITE: Die Eingangspassage ist mit antiken Granitplatten gepflastert; die Struktur der Wände stellt eine Verbindung zum Außenbereich her.

VON LINKS NACH RECHTS: Eine kleine Tür in dem hölzernen Gitter verschafft einen besseren Ausblick. Eine meisterhafte Gestaltung regiert in dieser Passage, die an mehreren Schlafräumen entlang führt. Der Weg aus der Vordertür wird von zwei flachen Becken flankiert; Gartenmauern wahren die Privatsphäre. Innerhalb des Hauses verschafft der Pool mit gläsernem Dach einen wahren Farbschock.

seine Kenntnisse über mexikanische Materialien unter Beweis stellen. Dies gilt ganz besonders für den aufregend gestalteten Vorplatz und den Eingang. Man erreicht das für eine Familie aus Mexiko-Stadt erbaute Haus über eine Kiefernallee, die in den elegant gekurvten Hof mündet. Er ist kreisförmig mit Ziegeln ausgelegt, die sich um einen zentralen Stein mit einer Labyrinthzeichnung gruppieren.

Von hier aus führen Stufen durch sorgfältig gegliederte, verputzte Wände zum Hauseingang. Ein zweiter Eingangshof ist über breite Steinstufen erreichbar und mündet in einen Weg über seichte, mit Flusssteinen ausgelegte Wasserbecken. Der Architekt verwendete Eingangstüren aus Stein und betonte damit noch einmal das einzige Baumaterial, das in dieser abwechslungsreichen und skulpturalen Zufahrt zum Haus verwendet wurde. Die Türen münden in einen offenen Korridor, der sich über die Länge des zentralen

Wohnraums zieht und zu einem zweistöckigen Schlafraumflügel führt. Das Wohnzimmer ist ein äußerst klar gegliederter Raum mit dicken, handgearbeiteten Deckenbalken. Zwei Kamine, einer an jedem Ende, erwärmen den Raum an den kühlen, alpinen Abenden im Tal. Von hier öffnet sich die Tür zu einem Swimmingpool, der in leuchtendsten Farben gestaltet wurde. Im Raum selbst wird durch das Wasser ein Fußboden vorgetäuscht. Die Architekten gestalteten sowohl den Innenbereich als auch den Garten. Das Ergebnis ist ein harmonisches Zusammenspiel von Innen und Außen.

Legorreta studierte in Mexiko-Stadt und ist seit über 45 Jahren im Geschäft. Dieses Haus zeigt die erfahrene Hand eines Meisters, der bescheiden sagt: »Mexiko ist ein Land der Architekten. Die Architektur ist eine der Säulen unserer Kultur und Teil unseres täglichen Lebens: Jeder Mexikaner ist ein Architekt.«

DAS HAUS AM SEE

DIEGO VILLASEÑOR IST FÜR SEINE AUFSEHEN-erregende Küstenarchitektur bekannt, in der er natürliche Materialien aus Wald und Erde verwendet. Hier brachte er Ozeanstimmung in das am See gelegene Haus. Das Grundstück ist ungewöhnlich: Eine eidechsenförmige, von Bergen umgebene Halbinsel mit Aussicht aufs Wasser. Es war naheliegend, den Bau des Wochenendhauses in die Hände von Villaseñor zu legen, da seine Kunden bereits in einem seiner frühen Häuser in Mexiko-Stadt lebten.

Kein mexikanischer Architekt kann sich dem Einfluss von Luis Barragán entziehen, mag dieser auch bisweilen kaum zu spüren sein. Bei Villaseñor äußert er sich in einem starken Gebrauch von Farbe, mit dem er die architektonische Form und das offene Raumgefühl zur Geltung bringt. Diese Verbindung macht sein Haus zu einer außerordentlichen Erfahrung für die beiden Eigentümer und ihre große Familie mit fünf erwachsenen Kindern. Margarita Alvarez gestaltete die Innenräume in Übereinstimmung mit der Architektur. Sie brachte weitere Naturmaterialien in das Haus, indem sie Tontöpfe an die Wand hängte, einen getrockneten Kaktus als Serviertisch benutzte, das Sofa mit Jute bedeckte und ledernes *Equipal*-Mobiliar verwendete.

Auf der Dachterrasse mit Blick auf den See und die Stadt Valle de Bravo befindet sich eine niedrige *Equipal*-Bank mit Polsterkissen. Darauf steht eine Kanne mit Hibiskusblütensaft.

Das Haus bietet einen Ausblick auf den See und die alte Stadt. Stufen führen im sanften Gefälle der Halbinsel zum Wasser hinunter. Der Pool scheint über dem See zu schweben, abgetrennt nur durch einen schmalen Grünstreifen. Das Haus ist um eine uralte Eiche herumgebaut, die von jedem der Haupträume aus zu sehen ist. Herrensuite und Arbeitszimmer liegen im zweiten Stock. Alle Haupträume öffnen sich auch zur Terrasse hin, wobei die Speiseterrasse überdacht ist und einen Blick auf den See gewährt. Moderne tropische Gartengestaltung umgibt das Haus, in dem man überall das Gefühl hat, mit der Natur zu leben.

Die Decke wird von schrägen Holzträgern gestützt. Einfallende Sonnenstrahlen setzen Farbakzente und beleuchten eine überwältigende Sammlung von Keramikgefäßen, hergestellt von den Tarahumaras in Chihuahua. LINKE SEITE: Die Terrasse bietet schattige Ecken und auch sonnige Abschnitte.

DAS DE-YTURBE-HAUS

DIESES HAUS DES ARCHITEKTEN JOSÉ DE YTURBE ist auf einem Hang errichtet, der steil zum Ufer des Sees von Valle de Bravo abfällt. Breite Treppen führen von der Parkfläche am Eingang zu einem ummauerten Innenhof, der die kunstvolle Schlichtheit einer Bühne besitzt. Belebt wird er von einem Baum, zwei Keramikgefäßen und einer Steinkugel, die auf der untersten Stufe zu balancieren scheint. Große perforierte Eisentüren, deren Scharniere in tiefen Nischen versteckt sind, öffnen sich zu einer Loggia und einer breiten Terrasse mit dem See als Hintergrund. Am einen Ende der Loggia befindet sich nahe eines kreisförmigen Kamins ein Aufenthaltsbereich – eine behagliche Anordnung.

▓ LINKS: Breite, perforierte Eisentüren öffnen sich mit Blick auf eine Loggia und die Terrasse. RECHTS: Großzügige Stufen führen vom Parkplatz hinunter zur ummauerten Loggia. LINKE SEITE: Gefäße mit rotem Springkraut füllen die gefliese und von Kies gesäumte Terrasse mit herrlichem Blick auf die Felsen von La Peña.

Am anderen Ende der Terrasse steht ein schweinslederner *Equipal*-Tisch mit Stühlen. Eine niedrige, nur 20 Zentimeter hohe Balustrade zieht sich an der Terrasse entlang und bildet eine knappe Abgrenzung zum See im Hintergrund. Die Terrasse mit ihrer tiefer gelegten Loggia, die an heißen Tagen Schatten spendet, dient als riesiges Wohnzimmer. Für Aufenthalte an kalten oder regnerischen Tagen bietet sich der gemütliche Wohnraum im Inneren an.

Vor dem Trakt der Schlafräume befindet sich ein Pool, der in einen Nebenhof eingefügt ist, so dass er nicht die Ruhe auf der Hauptterrasse stört. All dies wird von zwei Stockwerken mit Schlafräumen überragt, deren oberes man über eine beachtliche, von gelben Wänden gerahmte Treppe erreicht. Das Haus ist großzügig proportioniert; der Maßstab seiner Räumlichkeiten und die einfache Klarheit im Detail sind von den Haziendas des 17. Jahrhunderts inspiriert und schaffen eine heitere, kultivierte Atmosphäre.

▨ Im komfortablen Wohnraum sind erdfarbene Sofas um einen Kaffeetisch gruppiert. An den weiß verputzten Wänden hängt eine Sammlung mexikanischer Kunst.
RECHTE SEITE: Ein Moskitonetz über dem Bett und ein weißer Ohrensessel geben dem Schlafraum mit seiner hohen, balkengestützten Decke mehr Intimität.

Sein berühmter, malerischer Charme und die kopfsteingepflasterten Straßen verleihen San Miguel de Allende die Atmosphäre einer südfranzösischen Stadt, über die jemand einen Topf von leuchtenden Farben gegossen hat. Es ist eine der hübschesten Kolonialstädte von Mexiko, errichtet im 16. Jahrhundert auf den Fundamenten einer präkolumbischen Hügelstadt. Heute ist der Ort umgeben von den trockenen und staubigen Bergen zwischen Mexiko-Stadt und

SAN MIGUEL DE ALLENDE

der Industriestadt León im zentral gelegenen Staat Guanajuato. Bezaubernde Hotels beleben das historische Zentrum dieses Ortes, der mit seinem Reichtum an auserlesenen Bauwerken aus dem 17. und 18. Jahrhundert Teil des Weltkulturerbes ist. In San Miguel wimmelt es von Restaurants, Antiquitätengeschäften und Läden. Daneben verkaufen Händler Sättel, Reitgeschirr und Gegenstände für das Landleben in der Umgebung.

Inmitten blühender Jaca-
randabäume beherrschen
die Turmspitzen der Kirche
La Parroquia den Blick über
San Miguel de Allende.
RECHTE SEITE OBEN: Ein
typisches, reich verziertes
Fensterdetail von einem der
Privathäuser der Stadt.
RECHTE SEITE UNTEN:
Eine für die Karwoche
geschmückte Tür einer
altehrwürdigen Kapelle
und ein Restaurant am
Hauptplatz.

San Miguel de Allende wurde um 1542 gegründet, um
Reisende auf dem alten Camino Real, der Silberstraße zwischen
Zacatecas und Mexiko-Stadt, vor Überfällen feindlicher Indianer vom
Stamm der Chichimeken zu schützen. Nach seinem Gründer, dem
Franziskanermönch Juan de San Miguel, hieß die Stadt ursprüng-
lich San Miguel El Grande. Ihren heutigen Namen bekam sie im
Jahr 1826 zu Ehren des Generals Ignacio Allende, einem Helden des
mexikanischen Unabhängigkeitskriegs und Sohn der Stadt.

Im Ort gibt es eine ganze Reihe herausragender Gebäude.
So ist das Haus, in dem Ignacio Allende geboren wurde, ein aus-
gezeichnetes Beispiel für die Barockarchitektur dieser Stadt. Heute
dient es als Regionalmuseum. Die Casa del Mayorazgo de la Canal
besitzt eine reizvolle klassizistische Fassade, während das alte, 1735
erbaute Stammhaus von Don Manuel Tomás de la Canal mit seinen
Innenhöfen, der anmutigen Kapelle und den wundervoll geform-

ten Bögen das Instituto Allende beherbergt. Die Kapelle Santa Cruz del Chorro, eine der ältesten der Stadt, stammt vom Beginn des 17. Jahrhunderts, und der herrliche Komplex der Kirche San Felipe Neri mit dem Oratorium wurde im frühen 18. Jahrhundert errichtet. Ihr Inneres ist mit geschnitztem Mobiliar, Skulpturen und bewegenden religiösen Malereien reich dekoriert. Die rosafarbene Steinfassade erstrahlt im hellen Tageslicht.

Mit ihrer außergewöhnlichen, churrigueresken Fassade ist die Kirche San Francisco eines der eindrucksvollsten Bauwerke der Stadt, und sie ist von vielen ringsherum verstreuten Aussichtspunkten aus zu sehen. Erbaut im 18. Jahrhundert über den Resten einer älteren Kirche aus dem 17. Jahrhundert, wurde sie später zum Wahrzeichen der Stadt.

Im ausgehenden 18. Jahrhundert war San Miguel de Allende eine der reichsten Städte von ganz Amerika, und viele Kolonialhäuser wurden restauriert, um komfortables Wohnen in diesem kleinen, reizvollen Ort zu ermöglichen. Um 1900 dann begann durch den Niedergang der Silberproduktion der schrittweise Verfall der Stadt.

Zwar war sie ihrer Bodenschätze beraubt, doch wurde sie aufgrund ihrer einzigartigen Schönheit schon 1926 zum nationalen Denkmal erklärt – eine kluge Maßnahme, die dazu beitrug, die erlesene Kolonialarchitektur zu schützen. In den 1950er Jahren schließlich nahm die Stadt wegen ihrer heißen Quellen und ihrer Pracht eine Entwicklung zum beliebten Badeort. Der mexikanische Komiker Mario Moreno Reyes, bekannt geworden in seiner Rolle als kleiner Gauner Cantinflas, brachte San Miguel de Allende in den 1950er und -60er Jahren in Mode, und das Instituto Allende, gegründet 1950, wurde in den USA anerkannt. Daher kamen hier Studenten sowohl aus den Vereinigten Staaten als auch aus Mexiko zusammen. Heute gehört San Miguel de Allende mit seinem milden Klima zu den Kleinstädten mit der höchsten Lebensqualität in ganz Nordamerika.

Ein antiker Kamin im Wohnzimmer von Gerry McCormack und Leslie Tung mit je einem weißen leinenbezogenen Armsessel auf jeder Seite. Auf dem Casamidy-Tablett stehen Keramikbecher, die als Kerzenhalter dienen. LINKE SEITE: Osterfeierlichkeiten in San Miguel de Allende.

CASA MIDY

»IN ALTEN MEXIKANISCHEN HAZIENDAS WERDEN die weißen Kalkputzwände mit einigen Stücken alten Mobiliars betont«, erklärt Anne-Marie Midy, »und ich wollte die Atmosphäre dieser wundervollen alten Gebäude lebendig halten.«

Genau dies ist ihr in dem Haus im Zentrum von San Miguel de Allende gelungen, das sie mit ihrem Ehemann und Partner Jorge Almada teilt. Es hat die übliche große Eingangstür aus Holz und die in satten Farben gestrichene Fassade eines typischen Stadthauses, aber sobald man sich im Inneren befindet, sind die Räume von eleganter Zurückhaltung. Auf den ersten Blick scheint das Haus mit französischen Möbeln bestückt; hierin jedoch täuscht man sich, da nahezu alles im Haus mexikanischen Ursprungs ist. Midy ist Französin, aber nachdem sie Almada in New York kennengelernt hatte, begleitete sie ihn nach Mexiko, wo sie inzwischen mit ihrem Sohn Oliver in San Miguel de Allende leben. Ein kurzer Blick auf den Pressespiegel ihrer Webseite zeigt, wie erfolgreich ihre Designfirma Casamidy ist. Mobiliar, Hausrat und Dekor wurden in den weltbesten Einrichtungs-Magazinen vorgestellt. Das Paar zog nach San Miguel de Allende, um vor Ort mit den talentiertesten Handwerkern Mexikos zusammenarbeiten zu können. Dank Internet fanden sie im eigenen Land und auch außerhalb einen Markt für ihre Arbeit.

▨ Das Gästezimmer wird im Badezimmerspiegel reflektiert. Eine weiße Casamidy-Laterne steht auf dem Fliesenboden. SEITEN 58/59: Die große, stoffgepolsterte Schlafcouch im Wohnraum stammt von einem französischen Flohmarkt. Ihr gegenüber steht ein Paar mexikanischer Armsessel, deren Stil französisch inspiriert ist. Der ausziehbare Kaffeetisch und der Varenne-Stuhl aus Metall sind Casamidy-Stücke.

Betritt man das Haus von der lärmenden Straße aus, so findet man in der Eingangshalle ein Durcheinander von Möbeln, die darauf warten, zu Kunden in der ganzen Welt geliefert zu werden. Ein Bild des Erzengels Michael im Kolonialstil des 18. Jahrhunderts beschützt diese Ansammlung. Der Rest der Wand ist bestückt mit weißen Gipsabgüssen, die Midy in einer alten Fabrik in San Miguel de Allende gefunden hat. Sie und ihre Freundin Leslie Tung verkaufen diese Abgüsse in ihrem nahe gelegenen Laden namens Mitu. Hier bieten sie neben antiken und modernen Haushaltsgegenständen ausgewählte Stücke aus dem Casamidy-Inventar sowie einige speziell für Mitu entworfene Einzelstücke an. Midy erklärt, dass die Rückseite ihrer Haustür schlicht und kahl war und sie daraufhin Exvotos, Wunderbilder und Altaraufsätze anbrachte. »Alles zusammen war teurer als eine neue Tür«, lacht sie.

Die Halle führt zum kombinierten Wohn- und Speisesaal, der einen Ausblick auf den zentralen Innenhof bietet. Der Wohnraum

VON LINKS NACH RECHTS: Jicky ruht vor dem Brunnen im Innenhof. Zyka und Toka haben das große Bett vor einer in der örtlichen Eisenwerkstatt aufgenommenen Fotografie von Jorge Almada besetzt. Der vordere Eingang erlaubt einen Blick durch den Wohn- und Speiseraum in den Innenhof. Der Hof bildet einen einladenden Platz für Mahlzeiten im Freien.

ist um einen Kamin angeordnet und wird von einem Paar eingebauter, von Gipsmuscheln bekrönter Bücherschränke flankiert. Zu dem mexikanischen Mobiliar gesellt sich einer der populären Casamidy-Drahtstühle, der »Varenne-Opera-Stuhl« mit einem dunkelgrauen Lederpolster. Das Aquarell, das den Raum höher erscheinen lässt, stammt von Mari-José Marine, einem Künstler aus San Miguel.

Der Speisezimmerbereich wird von einer Heiligenfigur bewacht, umgeben von Altarwerken des 19. Jahrhunderts – allesamt Fundstücke aus den unerschöpflichen Antikläden von San Miguel. Der Casamidy-Tisch ist von alten mexikanischen Ladentheken aus Zinnblech inspiriert. Er bietet Platz für Freunde der Familie; im Bedarfsfall kann man hier auch einen Arbeitsraum improvisieren.

Der Innenhof, mit weißem Kies ausgelegt und von grauweißen Olivenbäumen bestanden, ist von wunderbarer Einfachheit. Nahe einem Brunnen steht ein Esstisch mit Stühlen: ein einladender Platz für laue Abende.

Auf einem Treppenabsatz nahe dem Innenhof steht ein kleines, mexikanisches Schränkchen mit Gartenwerkzeugen.
RECHTE SEITE: Die Sonne scheint auf die Sitzecke des großen Wohnzimmers, die um den Kamin gruppiert ist. Der Casamidy-Kaffeetisch kontrastiert mit dem Holzstuhl aus dem 19. Jahrhundert – einer Entdeckung aus Mexiko-Stadt.

Im hinteren Teil des Innenhofs befindet sich ein großes Studio, in dem Almada Möbel für Casamidy entwirft. Auf den bequemen Sofas liegen meist die drei Hunde des Paares und genießen die kühle Brise, die durch die offenen Türen des Innenhofs weht. Der silberne Kaffeetisch ist ein Prototyp von Casamidy.

Über eine Wendeltreppe gelangt man in die Familienräume. Im großen Schlafzimmer, das auch als Wohnraum genutzt werden kann, stehen ein mit brauner Seide bezogenes Sofa im französischen Stil und ein Stuhl aus dem 19. Jahrhundert, den Midy auf einem Flohmarkt in Mexiko-Stadt fand. Über dem Bett hängt Almadas großformatige Fotografie eines Vogels, die Farbe und Leben in das Zimmer bringt. Der außergewöhnliche, alte Bücherschrank trägt noch immer seine Originalfarbe. Er ist ebenfalls ein Fundstück aus der Umgebung und dient zur Aufbewahrung von antiken Büchern und Familienfotos. Die daneben hängenden Lampen sind Entwürfe von Anne-Marie Midy. Auch sie arbeitet in diesem Raum. Von ihrem antiken Schreibtisch aus kann sie über den angrenzenden Balkon auf San Miguel de Allende und die Kirche La Parroquia aus dem 18. Jahrhundert schauen.

Neben dem Schlafzimmer befindet sich das große Badezimmer, in dem Almada eine Kachelmalerei aus den 1920er Jahren angebracht hat. Sie zeigt die Hazienda seiner Familie, La Primavera, auf der damals im mexikanischen Staat Sinaloa Zucker angebaut wurde. Almadas Stammbaum ist beeindruckend: Sein Urgroßvater Plutarco Elias Calles war in den 1920er Jahren mexikanischer Präsident und gründete 1929 eine Partei, aus der später die PRI (Partei der Institutionalisierten Revolution) hervorging.

Das genaue Alter der Casa Midy lässt sich schwer schätzen. Wie viele andere Häuser in San Miguel de Allende wurde sie im Laufe der Jahrzehnte immer wieder verändert, und von ihrem ursprünglichen Zustand aus dem 18. Jahrhundert zeugt nur noch die Fassade. Almada vermutet, dass das Haus in den 1960er Jahren komplett umgebaut wurde. Das Paar selbst ergänzte die großen Fenster zum zentralen Innenhof hin, durch die wesentlich mehr Licht ins Haus gelangt.

IM JAHR 1780 BAUTE BISCHOF SOLLANO VON DER
Gemeinde San Miguel de Allende ein vornehmes Stadthaus für den
eigenen Bedarf, mit einem eindrucksvollen Blick auf das darun-
terliegende Tal. Es waren gute Zeiten für San Miguel de Allende,
und das Haus spiegelt mit seinen hohen Decken, den herrlichen
Steinwänden und den abwechslungsreichen Räumen den Wohlstand
der wachsenden Kolonialstadt wider. Kürzlich wurde es vom neuen
Eigentümer Dorsey Gardner, einem Finanzberater aus Boston, ein-
fühlsam renoviert, und so wird das alte Stadthaus des Bischofs auch
im neuen Jahrtausend weiterhin Bestand haben. Gardner beauftragte den Architekten Sebastian Zavala und Anne-Marie Midy
für die Renovierungsarbeiten. Er kannte Midys Arbeit und liebte

DAS GARDNER-HAUS

ihren Gebrauch von Farben und Stoffen. Seine Anordnungen für
die Dekoration waren erfrischend einfach: »Er wollte nur, dass das
Haus nicht allzu offensichtlich mexikanisch aussieht«, erzählt Midy.
»Zwar ist alles hier aus Mexiko, aber es ist eben doch ein bisschen
raffinierter als üblich.«

Von der Straße aus öffnet sich das Gebäude zu einem großen Innenhof, in den Midy einen Brunnen und ein Wasserbecken
einfügte, um die Luft zu kühlen. Oberhalb gespannte Jutebänder
geben dem Hof während der grellen Mittagssonne Schatten. Die
Wohnräume öffnen sich zu diesem Bereich und sind durch Arkaden
zu beiden Seiten hin abgeschirmt. Zavala verwendete wohlpro-
portionierte Säulen aus einem örtlichen Steinbruch. Ein zweiter,
unterhalb gelegener Innenhof führt zu einem kleinen Malstudio
und einem tiefer liegenden Garten, in den Midy ein weiteres
Wasserbecken einbaute und eine Sitzgruppe platzierte.

■ Eine hölzerne Kirchen-
bank an der Eingangsloggia
im Innenhof. Der Bank-
rücken wurde durch ein
Drahtgeflecht ersetzt.

■ Jutebänder geben dem Innenhof Schatten in der Mittagssonne. Den tiefer gelegenen Hof kann man durch den Torbogen hindurch ausmachen.
RECHTE SEITE LINKS: Durch den Bogen zwischen den beiden Höfen fällt der Blick auf die Treppe zu einem Gästeraum.
RECHTE SEITE RECHTS: Im Eingangshof befindet sich ein Brunnen über einem länglichen Wasserbecken aus Stein.

Midy brachte ihren französischen Stil in das Projekt ein. Das Hauptgebäude, farblich zurückhaltend gestaltet, ist von friedvoller und beschaulicher Qualität. »Viele Leute, die nach San Miguel ziehen, vergessen die Feinheit der Farbe und verwenden starke Primärfarben«, so Midy. »Man muss aufpassen, dass das eigene Traumhaus nicht plötzlich wie ein Touristenrestaurant aussieht.«

Tatsächlich ist die zarte Schönheit des Hauses ihrem zurückhaltenden Stil zu verdanken. Sorgsam bedachte Midy die Gesamtatmosphäre der Räume und zollte deren Alter durch feinfühlige Kombinationen von altem und neuem Mobiliar Respekt. Die neueren Möbel wurden entweder speziell für das Haus hergestellt oder sind Stücke von Casamidy.

Die wundervolle, steinerne Hintergrundwand des Ateliers im Vorderhaus blieb unverputzt. Die antiken Schränke hinter dem Schreibtisch beizte Midy ab, um ihnen mehr Charakter zu geben, und eine grüne Glasflasche fand durch Hinzufügung eines kupfernen Lampenschirms eine neue Verwendung – alles in allem eine gelungene Kombination von Farbe, Struktur und Oberflächen.

Der Hauptwohnraum nebenan erlaubt, von Blenden diskret abgedeckt, Ausblicke auf die Straße. An der Decke hängen riesige Leinenlampen, die von Midy selbst entworfen wurden – eine überraschende und ökonomische Art, für zusätzliche Beleuchtung zu sorgen. Der Raum ist mit elegantem, niedrigem Mobiliar ausgestattet, und sowohl die orange-gelben Töne der Leinenpolsterung als auch der Casamidy-Ledertisch sind in natürlichen Erdtönen

■ SEITE 68: Blaue Vasen aus Quecksilberglas wurden zu Lampen umfunktioniert. Sie setzen Farbakzente im Gästeschlafzimmer der oberen Etage.
SEITE 69: Im Schlafzimmer des Eigentümers finden sich noch Spuren eines alten Wandfrieses. Die von Anne-Marie Midy entworfenen Deckenlampen aus Leinen wurden im ganzen Haus verwendet.

OBEN: Die Zickzacklinien der Talavera-Kacheln beleben die Küche durch ihr grafisches Muster.
RECHTS: Unter einer Reihe von handgearbeiteten mexikanischen Kacheln im Eingangsbereich des Hauses wartet eine einladende Bank auf die Besucher.

gehalten. Alle Malerarbeiten im Haus sind mit Kalkfarben ausgeführt, die vor Ort angemischt wurden.

Der Hauptschlafraum entstand aus drei kleineren Zimmern, die einen Flügel des Hauses bildeten. Ganz oben an den wunderschön verputzten Wänden sind noch Spuren eines antiken Frieses auszumachen. Auch hier ist Schlichtheit eine wichtige Eigenschaft: Das Bett ist mit zartblauer Wäsche aus dem Ort bezogen, und der einzige Stuhl trägt einen Bezug aus cremefarbenem Leinenstoff. Midy fand einen großen Standspiegel aus dem 19. Jahrhundert, der auf seinem Platz im angrenzenden Ankleideraum wie eine Skulptur wirkt. Das Badezimmer bestückte sie mit einem großen, aus Glaskacheln gefertigten Spiegel, und auch hier, wie überall im Haus, hängen ihre Leinenlampen.

Über eine im Freien liegende Treppe an der Hinterwand des Hauptgebäudes gelangt man in die Küche. Sie liegt günstig zu den beiden Essbereichen im Freien und dem Speiseraum des Hauptinnenhofes. Der warme Ockerton der Küche kontrastiert bestens mit dem Blau und dem Cremeton der Talavera-Kacheln, deren Zickzackmuster sich hinter dem gediegenen Edelstahlofen entlangzieht.

■ LINKS: Der Kamin im Hauptwohnraum wurde neu eingebaut.
RECHTS: Eine lange Reihe von Votivkerzen leuchtet auf dem Tisch im Speisesaal.

■ Eine Drahtvase von
Midy, gefüllt mit Oliven-
baumzweigen.
RECHTE SEITE: Das Büro
gewährt einen Ausblick auf
die Straße; seine Wände
wurden abgeschliffen,
um den alten Stein
freizulegen. Die Lampe mit
dem Kupferschirm auf der
grünen Glasflasche setzt
einen spannenden Akzent.

Für den Speiseraum verkleidete Midy einen rustikalen, antiken Tisch mit Edelstahl und fügte metallene Armstühle mit cremefarbenen Sitzpolstern aus dem Casamidy-Sortiment hinzu. Lange Reihen von Votivkerzen stehen in alten Melassegefäßen auf dem Tisch und geben dem Raum eine warme Abendstimmung. Während die Wand neutral gehalten wurde, um den Raum nicht zu überladen, tauchte Midy den Rest der Umgebung in eine Wolke von rotem Ocker. Darüber hinaus entwarf sie einen steinernen Speisetisch für den Außenbereich im Innenhof unter dem Speisesaal. Sie erklärt, wie der Zufall in ihre endgültige Gestaltung hineinspielte: »Als die Arbeiter ihn hereintrugen, brach er in zwei Teile. Wir beschlossen, ihn so zu lassen. Er erfüllt ja trotzdem seinen Zweck!«

Um für zusätzliche Abwechslung im Freien zu sorgen, gestaltete Zavala aus einem separaten Gebäudeteil im hinteren Garten eine Loggia. Ein Kamin aus antikem Stein ist hier von ledergeflochtenen Casamidy-Sitzmöbeln umgeben.

Die Gästesuite im Dachgeschoss profitiert von den eindrucksvollen Blicken über San Miguel de Allende. Mit dem bequemen Schlafraum und dem Whirlpool auf dem Dach ist hier ein idealer Platz, um den Sonnenuntergang über der Stadt zu beobachten.

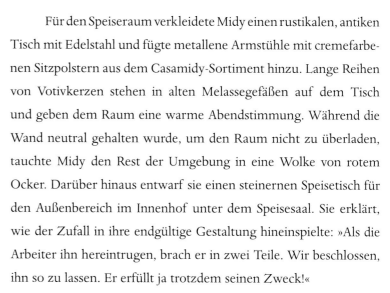

■ LINKS: Der Spiegel aus dem 19. Jahrhundert im Ankleidezimmer ist ein Fundstück aus Mexiko-Stadt.
RECHTS: Das aus Zinn gefertigte Kopfende des Bettes in einem der Gästeräume des oberen Stockwerks stammt aus der Sammlung von Casamidy.
RECHTE SEITE: Der Schrank im Eingangsbereich wurde aus Mesquiteholz hergestellt, das Pferd darauf fand man in San Miguel. Um eine möglichst authentische Farbgebung zu erreichen, wurde der Wandfarbe Erde aus der Gegend untergemischt.

VOR ETWA ZEHN JAHREN VERBRACHTEN DER
irische Architekt Gerald McCormack und die Designerin Leslie Tung
ihren Urlaub in San Miguel de Allende. Nicht im Traum hatten sie
daran gedacht, dorthin zu ziehen. Im Gegenteil: Es gab Pläne, von
New York nach Europa umzusiedeln. Doch während ihrer kurzen
Erholungspause verliebten sie sich in die Stadt und kauften dort ein
kleines, verwahrlostes Grundstück. Hier sollte ihr Feriendomizil
entstehen.

Das eingeschossige Gebäude aus dem 18. Jahrhundert war
aber ein wenig zu klein, so dass sich McCormack zum Bau eines
Obergeschosses und eines Gebäudes am hinteren Ende des
Grundstücks entschloss. Dieses erreicht man heute über einen farbenfrohen, offenen Innenhof, der den Wohnbereich ausweitet.

DAS HAUS VON McCORMACK UND TUNG

Für den Hof entwarf McCormack einen kleinen Brunnen,
der immer für eine Auffrischung der Luft sorgt. Hier steht auch der
große Granatapfelbaum, der trotz seines Alters blühte, als sie das
Haus kauften. Bei dem Anbau orientierte sich der Hausherr an den
Proportionen des bestehenden Gebäudes und übernahm auch dessen Deckenhöhe. Die Verbindung von Alt und Neu war weniger
kompliziert, als er gedacht hatte: »Selbst die Architektur der frühen
Kolonialgebäude war sehr schlicht, man kann sie fast als modern
bezeichnen«, erklärt McCormack.

Die Renovierungsarbeiten gestalteten sich umfassender, als
das Paar zunächst gedacht hatte, und so verbrachten sie immer
mehr Zeit in San Miguel de Allende. Es war also nur eine Frage der
Zeit, bis sie dem berüchtigten Charme dieser Stadt völlig verfielen.
Bevor sie selbst richtig realisiert hatten, was sie taten, verschifften

■ Auf dem Kamin im
großen Wohnzimmer
steht eine Reihe antiker
asiatischer Statuen.
Daneben hängen auf
beiden Seiten Gipsformen
aus der Sammlung
des Hausbesitzers.
Der Lehnsessel ist mit
ausgewaschenem Leinen
überzogen.

sie ihre Möbel von New York hierher und ließen sich auf den angenehmen Rhythmus des Kleinstadtlebens ein. An einer nahe gelegenen Straße öffnete Leslie Tung gemeinsam mit Anne-Marie Midy den Laden Mitu, wo Antiquitäten, Casamidy-Stücke sowie spezielle Mitu-Designs verkauft werden. McCormack eröffnete ein Architekturbüro in dem neuen Gebäudetrakt am anderen Ende des Hauses – ein perfektes Studio, abseits der lärmenden Straße.

▓ Auf dem antiken mexikanischen Beistelltisch stehen Pflanzen in traditionell blau-weiß gemusterten Übertöpfen. RECHTE SEITE: Gerry McCormack selbst entwarf diesen Brunnen im Innenhof, der für Abkühlung auf beiden Seiten des Hauses sorgt. Die Wand ist blutrot.

DIE STADT SAN MIGUEL DE ALLENDE WIRKT WIE ein großer Flickenteppich voller farbenfroher Häuser und Gärten. Spook und Jamie Stream hatten das Glück, hier mehrere zusammenhängende Grundstücke erwerben zu können. Wie es dazu kam, erklärt uns Jamie so: »Wir waren nach San Miguel gekommen, um hier Freunde zu besuchen, und plötzlich stießen wir auf dieses riesige Grundstück ganz in der Nähe des Stadtzentrums. Früher

CASA STREAM

standen auf diesem Gelände mehrere einfache Häuser aus den 1950er Jahren.« Sie empfand dies als einen idealen Ort, um Freunde und Familienmitglieder einzuladen. »Man ist zu Fuß schnell in der Stadt«, lacht sie, »und läuft niemals Gefahr, dass sich jemand langweilt.«

Dies war nicht ihr erstes Haus in Lateinamerika. Die Familie von Spook Stream stammt aus Spanien, und das Ehepaar besaß bereits ein großes Familienanwesen in Antigua, Guatemala. Ihnen wurde bewusst, dass San Miguel de Allende der perfekte Platz sein würde, um ihrer Begeisterung für die lateinamerikanische Kunst einen adäquaten Raum zu geben und ihre Gemäldesammlung unterzubringen. Jamie erklärt, wie sie sich ihr neues Heim vorstellten, in dem sie das Beste aus beiden Welten und verschiedenen Epochen miteinander verbinden wollten: »Wir wollten ein lebendiges, modernes Haus in San Miguel, das aber auch den alten Stil integrieren sollte. Auch unsere Sammlung von Gemälden besteht aus alter und moderner Kunst.«

Ihr Garten erstreckt sich entlang verschiedener restaurierter Gebäude und Swimmingpools, was das Grundstück länger wirken lässt. Die Atmosphäre ist friedlich und ruhig, und man kann kaum glauben, dass nebenan im bunten Stadtzentrum das Leben pulsiert.

Man betritt das Haus durch mehrere offene und überdachte kleine Innenhöfe. Der Hauptwohnraum ist sehr eindrucksvoll: Er hat

■ Die Loggia wurde mithilfe einiger der alten Mauern gestaltet. Von diesem Freizeitbereich aus schaut man auf einen der beiden Swimmingpools.

■ Der Kamin wird flankiert
von zwei an der Decke
hängenden mexikanischen
Weihrauchgefäßen aus
Silber; darunter steht ein
mit blassgrüner Seide
gepolsterter Stuhl, über
dessen Rückenlehne eine
Stoffbahn aus Seiden-
damast gespannt wurde.
Der Stuhl mit dem Bezug-
stoff von Fortuny stammt
aus dem 18. Jahrhundert.

eine doppelte Raumhöhe, und tagsüber scheint das Tageslicht sanft durch die Dachfenster. Von der Decke herabfallende Stoffe rahmen die hohen französischen Türen auf drei Seiten des Raumes. Links und rechts vom Kamin hängen mexikanische Weihrauchgefäße aus Silber an der Decke. Unterstützung bei der Möblierung kam von der Firma Casamidy. Der Tisch aus weißem Leder in der Mitte des Raumes beispielsweise ist eine Casamidy-Kreation.

Hinter diesem Zimmer, von dem aus man auf einen der beiden Pools schaut, befindet sich eine offene, von den umliegenden Gebäuden umschlossene Terrasse. Die alten Mauern bieten einen wunderbaren Hintergrund für diesen Platz, der als Wohn- und Esszimmer genutzt werden kann. Von hier aus führen Treppen zu einem weiteren kleinen Pool. Jorge Almada und Anne-Marie Midy lieferten die hier und überall auf dem Grundstück verteilten Stühle und Tische, die dem Landschaftsgarten eine raffinierte Note verleihen. Spenser Sutton, der in New York ansässige Architekt der Streams, gestaltete den Außenbereich mit viel Einfühlungsvermögen: Verschiedene Innenhöfe laden zum Entspannen oder zu einer Mahlzeit im Freien ein.

■ Dieses friedliche Gästezimmer hat einen Ausblick auf den Garten. Die Betten aus dem 17. Jahrhundert sind mit beigem und cremefarbenem Leinen bezogen und haben orange-braune Kissen. Die Lampe auf dem italienischen Schränkchen aus dem 18. Jahrhundert wurde aus einer spanischen Kolonialfigur gefertigt.

Man braucht kurz seinen Blick über eine Hazienda schweifen zu lassen, um die Fantasie zu beflügeln: Diese Landgüter waren von unendlichen Weiten umgeben. Einige, wie etwa die Hacienda de San Antonio, bieten faszinierende Ausblicke auf einen Vulkan, andere befinden sich inmitten einer beeindruckenden Landschaft. Sie alle dienten dazu, Macht und Autorität zum Ausdruck zu bringen. Die Bauherren waren sich der unterstützenden Wirkung der entsprechenden Umgebung sehr

DIE HAZIENDA

wohl bewusst. Umgeben von hohen Mauern bietet eine Hazienda mit ihren sorgfältig angelegten Gärten ein verlockendes Landleben in perfekter Abschirmung von der Außenwelt.

Das Hazienda-System in Mexiko nahm seinen Anfang mit der Belohnung, die der Eroberer Hernán Cortés 1529 von der dankbaren spanischen Krone erhielt. Für seinen Sieg über Königreiche der Azteken und Mayas, die er mit nur einer Handvoll Soldaten erobert

■ Der *hacendado* von San Juan Tlacatecpan in Teotihuacán. RECHTE SEITE: Diese Hazienda hat ein einladendes und großes Speisezimmer mit einem traditionell gewölbten Ziegeldach.

hatte, wurde ihm der Titel *Marquis del Valle de Oaxaca* verliehen. Außerdem übertrug man ihm einen Großteil des Gebiets des heutigen Bundesstaates Morelos. In der Folge wurde das Land unter den regierenden Spaniern aufgeteilt, welche damit die absolute Herrschaft über die Bewohner der jeweiligen Landstriche erhielten – das Ziel war eine Sicherung der Kontrolle über die Indios. Große Ländereien mitsamt der darin lebenden indigenen Bevölkerung wurden an Mitglieder des Adels und des spanischen Heeres übergeben, um so die neue Kolonie zu verwalten. Als die Eroberer und ersten Siedler anfingen, ihr Territorium abzustecken, wurden auch der Kirche, vor allem den Jesuiten, riesige Landgüter übergeben. Es entstand eine große und mächtige Herrscherklasse.

Die Haziendas spezialisierten sich zunächst in der Regel auf Rinderzucht und die Produktion von Zucker, Mescal, Pulque, Tequila, Sisal oder Baumwolle. Die Anwesen erstreckten sich mitunter meilenweit in alle Richtungen und entwickelten sich in ihrer isolierten Lage zu regelrechten kleinen Städten – mit Schulen, Kirchen, Geschäften und sogar Krankenhäusern. Ihre Eigentümer waren selten zugegen; sie bevorzugten eher das opulente Leben in Mexiko-Stadt und Paris. Wenn sie aber kamen, verlangten sie nach denselben Annehmlichkeiten auch auf dem Lande – mit verschwenderischen Partys, Stierkämpfen und Bällen. Macht und Reichtum ihrer Besitzer spiegelte sich auch in der Architektur der Haziendas wider, die den jeweils neuesten Gestaltungsvorlieben folgten. Sie bilden heute ein herausragendes kulturelles Erbe von architektonischer Schönheit, Strenge und Raffinement.

Das System der Haziendas wurde in Mexiko nach der Revolution 1917 abgeschafft. Die Großgrundbesitzer verloren einen Großteil ihres Landes, und nur ein Teil der Landgüter überlebte, manche aufgrund eines starken Zusammenhalts zwischen der dort lebenden Bevölkerung und den Grundbesitzern; andere konnten trotz der Verkleinerung der Landfläche noch profitabel wirtschaften. Die Haziendas, die die Zeit überdauerten, werden für ihre architektonische Pracht und Schönheit geschätzt und bestehen heute als private Familienbesitztümer oder kleine Hotels fort. Der Verfall der übrigen verleiht der ehemaligen Herrlichkeit einen Hauch von Poesie und lässt uns ahnen, wie prachtvoll das Leben hier einmal gewesen sein muss.

DIE PRÄCHTIGE HACIENDA DE SAN ANTONIO IST
ein magischer Ort. Er scheint so exotisch und entlegen wie Bolivien
oder Argentinien, obgleich er nur zwei Flugstunden von den USA
entfernt liegt. Von Guadalajara oder Manzanilla aus führt der Weg
zu diesem Anwesen durch äußerst reizvolle Landschaften. Der

HACIENDA DE
SAN ANTONIO

■ RECHTE SEITE: Ein
caballero am Eingang
der Hazienda. Hinter ihm
verläuft ein Aquädukt, der
die Gärten der Hazienda
mit Wasser versorgt.
SEITEN 90/91: Vom Haupt-
gebäude aus hat man
einen grandiosen Blick auf
den Volcán de Fuego.

erste Blick auf das Haupthaus, das einen breiten, rauschenden Fluss
überragt, zeigt die Hazienda vor dem Hintergrund einer erhabenen
Bergwelt. Über dem malerischen Gipfel des alles beherrschenden
Volcán de Fuego schwebt stets eine Rauchfahne. Das Gebiet ist von
geradezu aufsehenerregender Schönheit, voller Vogelschwärme
und wild lebender Tiere. Auf einem Teil des 2000 Hektar gro-
ßen Landguts betreiben die Besitzer heute ein Hotel; ein anderer
Teil ist Farmland, auf dem Kaffee und Gemüse angebaut wird.
Die Eigentümer und Verwalter sind Mitglieder eines engagierten
Familienzweiges des ehemaligen britischen Finanzfachmannes Sir
James Goldsmith. Die Verwandten führen heute seine ökologischen
Bemühungen in der Region fort.

Von 1879 bis 1890 wurde die ursprüngliche Anlage mit ihrer
klassizistischen Kapelle von Arnoldo Vogel, einem deutschen Ein-
wanderer, erbaut und von Sir James später auf 5500 Quadratmeter
erweitert. Sein Architekt, der in New York lebende Franzose Robert
Couturier, wurde mit dem Wiederaufbau der Hazienda beauftragt,
die vom Urwald überwachsen und teilweise ohne Dach war. Heute
sind die gepflegten Gärten Teil eines erholsamen Landsitzes und
der zentrale Innenhof ist mit Grapefruit- und Orangenbäumen

OBEN: Couturier restaurierte den Haupt-gästeflügel der Hazienda, der sich zu einem reich mit Pflanzen bestückten Innenhof öffnet.
UNTEN LINKS: Hier befindet sich auch ein großer Brunnen aus behauenem Stein.
UNTEN RECHTS: Ein Korridor im Erdgeschoss ist von mexikanischen Urnen und Palmen in Blumenkübeln gesäumt.

bewachsen. Der Eingangshof umschließt einen traditionell gestalteten spanischen Garten: Von einem sternförmigen Brunnen in der Mitte aus erstrecken sich Pfade mit niedrigen Hecken.

Überall auf dem Gelände gibt es Wasser. Es fließt über den im römischen Stil erbauten Vulkanstein-Aquädukt zu den Brunnen und Rinnen, die den Garten spielerisch durchfließen und gliedern, bevor das wertvolle Nass den riesigen Swimmingpool erreicht, den Couturier im hinteren Teil des Gartens anlegte. Von hier aus hat man einen wahren Postkartenblick auf den Vulkan, der an den meisten Tagen Rauch ausstößt – manchmal auch auf eine leicht beunruhigende Weise.

Alle Bereiche der Hazienda wurden vorteilhaft gestaltet: Das Dach krönt nun eine Terrasse mit spektakulärer Sicht auf den umliegenden Wald. Das Innere des Hauses ist traditionell mexikanisch eingerichtet und dabei reich mit Antiquitäten und Kunsthandwerk aus Guadalajara und von Handwerksmärkten aus ganz Mexiko ausgestattet.

Überall im Gebäude wurde der vulkanische Stein aus der Gegend verwendet – für Böden, Treppen und Kamine. Auch die Sitzreihen des kleinen Amphitheaters, das aus der Böschung des Gartens herausgearbeitet ist, sind aus dem porösen schwarzen Stein gearbeitet.

Wie geschaffen für Abenteurer sind die Wander- und Reitstrecken, die sich durch den Busch in der Umgebung winden. Sie führen zu malerischen Bambushainen, Seen und einer Vielzahl von Plätzen, die hervorragend geeignet sind für ein herrliches Picknick. Wie fast alle Haziendas strahlt San Antonio eine Atmosphäre friedlicher Abgeschiedenheit aus. Das reiche Anwesen wirkt wie ein europäischer Adelshof, akzentuiert durch seine großen Fassaden, die Gartengestaltung und die sorgsam geplanten Wasserläufe. James Goldsmith war ein vollendeter Europäer von teils englischer, teils französischer Herkunft, und sein früherer Wohnsitz vermittelt dies. Seine Tochter Alix Marcaccini und ihr italienischer Ehemann Goffredo haben San Antonio als Hotel neu gestaltet und die altbekannte Gastfreundschaft der Familie um eine ökologische Note bereichert. Besucher haben Gelegenheit, die Schönheiten dieses entlegenen, aber dennoch zugänglichen Teils von Mexiko zu entdecken.

■ OBEN: Vor dem Haupteingang der Hazienda warten zwei Pferde mit traditionellen mexikanischen Sätteln.

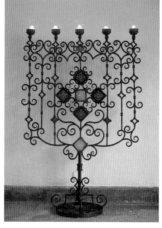

OBEN: Der Hauptspeiseraum hat eine hohe gewölbte Decke und tropische Wandgemälde.
LINKS: Ein ornamentaler Kandelaber erleuchtet den Hausflur.
RECHTE SEITE: Von den Zimmern aus haben die Gäste einen spektakulären Blick auf den Vulkan. Der Swimmingpool liegt unaufdringlich im hinteren Teil des Gartens.

»ICH FUHR ÜBER LAND UND KONNTE NICHT glauben, was ich sah«, erzählt der Designer Jorge Almada. »In der Ferne, mitten im Nirgendwo, war etwas, das in der leeren, flachen Landschaft wie eine Reihe von Türmen aussah.« Er war schon seit mehreren Stunden in der ländlichen Umgebung unterwegs, in der nur einige Flecken Grün bewässert waren und sich mit den Kaktusfeldern und Sträuchern der Wüste abwechselten.

HACIENDA DE
JARAL DE BERRIO

■ RECHTE SEITE: Die oberen Räume haben eine melancholische Atmosphäre. Sie bilden eine Enfilade durch den gesamten vorderen Teil des Anbaus aus dem 19. Jahrhundert.

Zusammen mit Anne-Marie Midy, seiner Partnerin bei Casamidy, war Almada unterwegs auf der Suche nach Handwerkern für ein Möbelprojekt. Auf das überraschende Auftauchen dieser Gebäudegruppe in der Wüste waren sie in keiner Weise vorbereitet.

Sie entschlossen sich, der Sache auf den Grund zu gehen und fanden sich schließlich, in eine Staubwolke gehüllt, vor der majestätischen Fassade der ehemaligen Hacienda de Jaral de Berrio aus dem 19. Jahrhundert wieder. Wie die Ruine eines großen Opernhauses liegt sie an einem weiten, heruntergekommenen Platz mit hohen Lagerhäusern und zwei beachtlichen Kirchen. Die Gebäudereste mit ihrem Fassadenschmuck und den erhabenen Galerien im oberen Stockwerk passen nicht im Geringsten zu ihrer Umgebung. Von der Straße aus kann man durch die hohen Fenster spähen und kunstvolle Tapeten sehen, die zwar zum Teil abgelöst, aber immer noch überwältigend schön sind.

Zur Linken befinden sich Teile einer noch älteren Hazienda, mit starken Adobemauern (aus luftgetrockneten Lehmziegeln) aus

OBEN: Die Räume
im Obergeschoss
öffnen sich zu einem
zweigeschossigen
Innenhof.
UNTEN: Reste einer alten
Wandtapete erscheinen
dort um die Türen herum,
wo die Strukturelemente
entfernt wurden.
RECHTE SEITE: Noch
immer finden sich viele
faszinierende Tapeten-
kombinationen an
den Wänden der alten
Hazienda.

dem 17. Jahrhundert, die sich über eine ganze Seite des Dorfplatzes ausdehnen. Der extravagante Flügel aus dem 19. Jahrhundert, ursprünglich als Farm für die Meskalproduktion gebaut, vermittelt mit seinen faszinierenden Oberflächen und Tapetenmustern den erheblichen Wohlstand dieser Zeit.

Almada überredete einen Wachmann, die großen Eingangstüren zu öffnen, hinter denen sich ein mit Gras bewachsener Innenhof erstreckte. Zu seinem Entzücken fand er einen verfallenen Ballsaal mit hohen französischen Fenstern, die zur Straße hin lagen, aber verdunkelt waren. Trotz des Dämmerlichts konnte er noch Einzelheiten der kunstvollen Tapeten und Friese ausmachen. Bei der Erforschung der Arkadengänge entdeckte Almada einige zum zentralen Innenhof gelegene, jedoch verschlossene Räume – durch Risse und Spalten aber konnte er geisterhaft wirkende Interieurs erspähen. Die schönsten Räume aber lagen im Stockwerk darüber und waren über eine Treppe erreichbar. Sie waren bekrönt von einer zentralen Kuppel und mit großen Bodenfenstern, umgeben von verschlissenen Formen aus Pappmaché, ausgestattet. Am Ende eines der verschwenderisch ornamentierten Räume fand Almada eine alte Kapelle, deren zerbrochenes Oberlicht einen ätherischen Schein verströmte. Durch das gedämpfte Licht waren die kunstvollen Wandgestaltungen gut erhalten.

Almada entdeckte einen Raum nach dem anderen, ausgestattet mit Tapeten aus dem 19. Jahrhundert, einige davon handgemalt, andere bedruckt. Diese Räume ohne Möbel, Türbretter, Kamine und Fußböden erzeugten eine melancholische Stimmung und bezauberten dennoch auf sehr eigene Weise. »Manche Leute verstehen diese Art von Schönheit nicht, sie finden das alles traurig«, meint Almada, »aber Anne-Marie und ich fanden es grandios. Wir haben im zentralen Innenhof gepicknickt und den Tag damit verbracht, in den annähernd 100 Zimmern der Hazienda umherzustreifen.«

Zurück in San Miguel de Allende fand Almada heraus, dass Roberto Burillo, ein heimischer Architekt, mit der Restaurierung beschäftigt war. Er erforschte auch die Geschichte dieses riesigen Hauses und die Gründe, warum es verlassen wurde. Burillo erklärte ihm, dass die Hazienda dereinst ein gigantischer Gutsbesitz war, der sich von Hidalgo bis San Luis Potosí erstreckt hatte. Irgendwann wurde eine Eisenbahn gebaut, und Meskal und andere Erzeugnisse wurden über den eigenen Schienenweg transportiert.

OBEN: Die vordere, uneinheitliche Fassade der Hazienda vor dem staubigen Dorfplatz. UNTEN: Der große Innenhof ist noch mit Bäumen bewachsen. RECHTE SEITE: Die Symbole Mexikos und der Familie de Berrio schmücken die Eingangsfassade aus dem 19. Jahrhundert.

1592 hatte die Geschichte des Tals von Jaral begonnen, als die ersten spanischen Siedler sich gegen den Stamm der hier lebenden Chichimeken verteidigen mussten – so sollte es bis zum 18. Jahrhundert dauern, bis die Hazienda ihren vollen Betrieb aufnehmen konnte. Die Familie de Berrio, die durch Heirat zu Eigentümern der Ländereien wurde, besaß ungefähr 100 Haziendas, was sie zu den größten Grundbesitzern in Neuspanien machte. Zur damaligen Zeit muss ihr Eigentum die Ausdehnung eines kleinen Staates gehabt haben, als dessen Hauptstadt die Hacienda de Jaral de Berrio galt. Im 19. Jahrhundert erreichte sie den Gipfel ihres Wohlstands, und der Hauptflügel mit all seinen viktorianischen Details wurde dem Gebäude hinzugefügt. Im Jahre 1855 lebten etwa 7000 Menschen auf dem gesamten Anwesen.

Aber die Zeit forderte ihren Tribut, und der Besitz wurde auseinandergerissen. Schließlich übernahm die örtliche Verwaltung, *ejido*, die Hauptgebäude. Unglücklicherweise wurden sie seit den 1950er Jahren völlig vernachlässigt, bis vor kurzem eine Gruppe von Geschäftsleuten aus Mexiko-Stadt das Anwesen sowie die nahe gelegene Meskalfabrik kaufte. Mit Burillos Hilfe wird das Gut nun langsam, aber sicher wieder zum Leben erweckt.

»Wir können bereits eine kleine Menge Meskal verkaufen, der in den Fabriken der Hazienda hergestellt wird«, sagt Burillo, und erzählt von seinen Zukunftsplänen: »Wenn es die Finanzlage erlaubt, werden wir mit den Restaurierungen fortfahren. Im Moment ist unser Hauptziel, die Gebäude weitestgehend zu einem großen Ganzen zu verbinden.« Und so wird die Hacienda de Jaral de Berrio noch für einige Jahre eine poetische Ruine bleiben, bevor ihr früherer Ruhm wieder hergestellt ist.

HACIENDA
ARANJUEZ

SCHON IMMER FÜHLTEN SICH KÜNSTLER VON
Mexiko angezogen. Die Kunst ist Herz und Seele dieses Landes und
drückt sich in den Farben und im mexikanischen Alltagsleben aus.

    Die reichen kunsthandwerklichen Traditionen haben viele
Maler und Bildhauer inspiriert, und so zog auch der Künstler James
Brown zusammen mit seiner Frau Alexandra und den drei Kindern
vor zehn Jahren nach Oaxaca. Sie traten in die Fußstapfen von
James' Bruder Matthew, der bereits im nahen Teotitlán del Valle
eine Weberei aufgebaut hatte, um die Entwürfe einer stetig wachsenden Anzahl von Künstlern umzusetzen.

    Die Browns verliebten sich in die unwirkliche Atmosphäre der
Stadt. Oaxaca liegt in einem weiten Hochtal der Sierra Madre, circa
550 Kilometer südöstlich von Mexiko-Stadt, und ist ein bedeutendes
Zentrum indianischen Kunsthandwerks. Nicht weit entfernt befinden sich die imposanten zapotekischen Ruinen von Mitla und Monte
Albán. Der Name der Stadt ist verbunden mit den Namen einiger
der wichtigsten mexikanischen Künstler des 20. Jahrhunderts. Das

■ RECHTE SEITE: Ein Hund
ruht friedlich unter dem
gewölbten Dach des alten
Eingangs.

herausragende Museo Rufino Tamayo im Stadtzentrum beinhaltet die prähispanischen Kunstgegenstände aus der Privatsammlung des Künstlers. In den Gebirgsausläufern vor Oaxaca entdeckten die Browns die im 17. Jahrhundert erbaute Hacienda Aranjuez. Einst war das Gut so groß, dass es dem nahe gelegenen Konvent von Santo Domingo Lebensmittel liefern konnte.

Besucher gelangen zunächst in den Eingangshof mit seinen Arkaden. Wie anderswo sind auch hier die Wohnräume mit hohen Decken ausgestattet. Die Familie lebt auf der einen Seite der Hazienda, während der Hausherr auf der anderen Seite über einen riesigen Atelierbereich verfügt. Als Künstler leben die Browns hier denselben zwanglosen Bohemestil, den sie in ihren anderen Domizilen in New York, Paris und Griechenland pflegen.

◼ Eine gekachelte mexikanische Bank im Garten, der im hinteren Teil der Hazienda liegt. RECHTE SEITE: Majestätische alte Bäume und Brunnen ergänzen den Charme des Anwesens.

RECHTS: Ein kleiner Tisch aus der örtlichen Produktion, voll mit Büchern, gibt dem Wohnbereich der Hazienda optischen Zusammenhalt.
UNTEN: Farbenfrohe rote Stühle und ein kleiner Tisch leiten über zum Wohnzimmer.
RECHTE SEITE: Der Innenhof mit seinem zentralen Springbrunnen trennt Browns Atelier vom Wohnbereich ab.

■ Die Browns entwarfen das schmiedeeiserne Himmelbett selbst. An der Wand hängt ein französischer Wandteppich aus dem 17. Jahrhundert.

Der Wohnraum ist einfach und farbenfroh eingerichtet. Der Speisesaal wird von einer gewölbten Decke überspannt und ist mit gelben Stühlen und einem Tisch eingerichtet. Wie der größte Teil des Mobiliars wurden auch diese von einheimischen Kunsthandwerkern nach Browns Vorstellungen angefertigt. »Wir gaben ihnen Entwurfszeichnungen für die Möbel, die wir brauchten«, erklärt Alexandra. »Sie basierten auf klassischen Stilformen, wobei wir möglichst einfache Gestaltungen suchten. Wir haben nicht ein einziges Möbelstück aus New York mitgebracht.«

Der Hauptschlafraum wird von einem großen schmiedeeisernen Himmelbett beherrscht, das ebenfalls nach einem Entwurf der Browns vor Ort angefertigt wurde. Nur wenige Gegenstände im Raum betonen seine großzügigen Ausmaße so wie das Bett. Die Wandteppiche aus dem 17. Jahrhundert stammen aus Frankreich. Vom Schlafzimmer aus öffnen sich Türen auf eine breite Loggia mit Arkaden, oberhalb eines ländlichen Springbrunnens inmitten einer Landschaft mit Gräsern und Weiden.

James Brown nutzt eine Hälfte der Hazienda als Atelier. Hier steht eine noch unfertige Arbeit zur Ansicht auf einer Bank.

DIE HAZIENDAS VON YUCATÁN

VON YUCATÁN

Die Basilika von San Antonio de Padua liegt oberhalb der Stadt Izamal.

AUF DER HALBINSEL YUCATÁN LIEGEN TAUSENDE von Haziendas, einige sind wunderschön restauriert, andere sind noch immer als malerische Ruinen in der Landschaft verstreut. Von Kletterpflanzen überwuchert warten sie darauf, wieder zum Leben erweckt zu werden.

Viele dieser traumhaften Gebäude aus den Tagen der spanischen Besiedlung verschlafen die Zeit im Dschungel. Ursprünglich wurden sie gebaut, um den Landbesitzern eine bessere Kontrolle über die einheimische Bevölkerung zu gewährleisten, aber sie entwickelten sich darüber hinaus zu florierenden Unternehmen – zumindest bis zum Zweiten Weltkrieg.

Die Mayas nutzten Sisal – sie nannten es *ci* – für ihre Kleidung und mixten es sogar in Getränke, mit denen sie sich in dem heißen Klima von Yucatán stärkten. Aber es sollte bis zum 19. Jahrhundert dauern, bis in der Gegend im größeren Rahmen Sisal angebaut wurde. Die Erfindung der McCormick-Erntemaschine für Getreide

■ OBEN: Haziendas
hatten immer eine
Kapelle oder Kirche;
dies ist ein prächtiges
klassizistisches Beispiel.
RECHTS: Ein Bogengang
entlang der Hauptfassade
der Basilika San Antonio
de Padua in Izamal.

in den USA führte zu einem explosionsartigen Wachstum der Sisalproduktion, denn das geerntete Getreide wurde mit Sisal zusammengebunden.

Sisal ist eine Agavenpflanze mit langen, fleischigen Blättern. Ihre Blätter wurden nach der Ernte mit dampf- oder dieselbetriebenen Mahlmaschinen verarbeitet, auf Brettern getrocknet und dann mit der Eisenbahn, die meist ebenfalls im Besitz der Haziendas war, in die Hafenstädte Sisal und Progreso gebracht. Auch die unbearbeitete Pflanze stand später als Faser hoch im Kurs, man verwendete sie für Taue und Schnüre, bis schließlich Nylon den Markt eroberte.

Große Landflächen wurden damals bereits für Rinderzucht, Mais- und Zuckeranbau genutzt, so dass die Umstellung auf den Anbau der neuen Pflanze für die Haziendas kein großer Aufwand war. Anwesen wie diese nahmen nicht weniger als 60 Prozent der Gesamtfläche Yucatáns ein.

Zur Verarbeitung allerdings benötigte man nun Fabriken, um die großen Produktionsmaschinen unterzubringen. Die *haciendados* waren oft sehr kultivierte und vielgereiste Menschen, die auch diese Aufgabe als eine architektonische Herausforderung ansahen. Die Fabriken wurden so angelegt, dass sie eine harmonische Verbindung mit der traditionellen Architektur der Haziendas eingingen, die entweder klassisch griechisch und römisch beeinflusst oder aber im wohlproportionierten spanischen Kolonialstil errichtet waren.

Als die internationale Sisal-Nachfrage nach dem Ende des Zweiten Weltkriegs immer weiter sank, gaben die *haciendados* ihre Anwesen schließlich auf. Sie verfielen zu Ruinen, die mehr und mehr dem Dschungel übergeben wurden. Es dauerte fast 60 Jahre, bis diese nationalen Schätze wiederentdeckt wurden. Mittlerweile sind eine Reihe von ihnen als Hotels und private Landhäuser auferstanden. Sie wurden mit viel Einfühlungsvermögen restauriert, so dass sich die Schönheit und Pracht Yucatáns im Stil und Komfort der Landbarone von damals genießen lässt.

Das eindrucksvolle Eingangstor zur Hacienda Temozon in Yucatán. Ihr Grundstein wurde im 17. Jahrhundert gelegt.

HACIENDA UAYAMON

FÄHRT MAN BIS ZUM ZENTRALEN PLATZ DER
Hacienda Uayamon und lugt durch das Dickicht der Bäume, so
entdeckt man noch immer Spuren der einstigen Erhabenheit dieses
eindrucksvollen Anwesens. Zur Rechten des Hauses befindet sich
eine kunstvolle Komposition wunderschöner alter Steinwände und
Säulenbögen, die nachts romantisch beleuchtet werden. Bis zum
19. Jahrhundert glich das geschäftige Treiben in Uayamon einer
Kleinstadt. Man züchtete Rinder und baute Getreide, Zuckerrohr
und Sisal an. Eine eigene Eisenbahn wurde 1904 gebaut, um die
Produkte über weite Entfernungen zu transportieren. Bis 1908 führ-
ten die Gleise sogar bis nach Campeche.

Uayamon ist heute ein Hotel und gehört zu einer Reihe von
erfolgreich umgestalteten Haziendas auf der Halbinsel Yucatán.
Selbst nach der zeitgemäßen Restaurierung ist die ursprüngliche
Atmosphäre der verblassten Schönheit noch immer eindringlich zu
spüren.

Innerhalb der alten Steinmauern liegt ein lang gestreckter
Swimmingpool – eine Gestaltung des Architekten Salvador Reyes
Rios. Zwei der alten Säulen ragen aus dem Wasser und verleihen
dem Pool die Atmosphäre eines prächtigen römischen Bades. Die
Kapelle wurde lediglich gesäubert und steht noch heute unres-
tauriert und ohne Dach auf dem Anwesen. Aus dem Innern ihrer

◼ Die wunderschönen
Säulenbögen der alten
Sisalfabrik werden nachts
beleuchtet. *Caballeros*
warten mit ihren Pferden
vor den Mauern.

langsam abbröckelnden Mauern strahlt jedoch nach wie vor eine religiöse Aura der Ruhe und des Friedens.

Rechts vom Hauptgebäude wächst ein majestätischer Kapokbaum – eigentlich zwei Bäume, die zusammengewachsen sind. Er ist über 100 Jahre alt und ein lokales Wahrzeichen, um den sich eine Legende rankt. Ein betrunkener Mann – so will es die Sage – der sich bei Vollmond an den Baum lehnt, läuft Gefahr, dass ihm eine rothaarige Frau mit Hahnenfüßen begegnet. Er wird von ihr verzaubert und verschwindet auf ewig.

■ Ein imposanter Treppenaufgang führt hinauf zum Haupttrakt des Hauses mit einer Terrasse.
RECHTE SEITE: Der Pool wurde in der alten Sisalfabrik angelegt. Die zwei Säulen stammen noch aus dem ursprünglichen Gebäude.

■ OBEN: Der alte
Brunnen steht nahe dem
Hauptgebäude.
LINKS: Die Tröge und
Brunnen auf dem Anwesen
sorgen für besondere
optische Akzente.
LINKE SEITE: Ein kleines
Wasserbecken vor der
Hazienda wurde zu einem
Lilienteich umfunktioniert.
Es dient auch als natürliche
Klimaanlage in der
tropischen Hitze.

DIE RUINE EINER HAZIENDA IM BAROCKSTIL
zeigt, dass diese alten Anwesen auch im verfallenen Zustand noch
immer wunderschön sind und eine magische Anziehungskraft
besitzen. San José Carpizo wurde nicht weit entfernt von Campeche

HACIENDA
SAN JOSÉ CARPIZO

errichtet. Die verfallene Sisalfabrik sowie Haupthaus, Werkstätten,
Kirche und andere Gebäude der Hazienda säumen einen großen, heute verlassenen und staubigen Platz. Die ursprüngliche
Bestimmung der einzelnen Gebäude ist nur an ihren Frontfassaden
zu erkennen. Die klar gekennzeichnete »Talleria« ist auch heute
wieder als kleiner Laden in Betrieb, andere malerisch verfallene
Bauten dienen den Dorfbewohnern als Lager- und Wohnräume.

Die Hazienda und ihre Gebäude wurden von den Dorfbewohnern übernommen, die den Rest des Geländes dem Dschungel
anheim gaben. Die Kapelle wird jedoch noch immer genutzt und
liebevoll gepflegt, die Ausstattung des Innenraums ist intakt und
wird je nach Jahreszeit oder Kirchenfest geschmückt. Jede einzelne
Bank trägt den Namen der Familie, die sie gestiftet hat. Die original

■ Die alte Kapelle der
Hazienda dient noch heute
als Dorfkirche. Einfache
weiße Bänke kontrastieren
mit den üppig gemusterten
Wänden. Der Altar wird
umrahmt von einem
trompe l'œil in Form von
ockerfarbenen Vorhängen,
Girlanden und Troddeln.

erhaltene Vertäfelung mit Schablonenmustern belebt die Wände, und aufgemalte Bühnenvorhänge umrahmen den Altar.

Vom Hauptgebäude stehen nur noch Ruinen, aber man erkennt noch seine vergangene Herrlichkeit. Reste von Friesen schmücken die freistehenden Mauern, und an der Hauptfassade sind noch immer die alten Zierkacheln erhalten. Stolz trägt sie die Jahreszahl ihrer Entstehung: 1910. Spuren eines früheren Gartens kann man noch hinter den bröckeligen Mauern ausmachen, an deren Ausmaß sich die einstige Größe erahnen lässt. Überall wachsen riesige Bäume, viele davon im Haus selbst. Aus der Ferne ist Hundegebell zu hören, im verwilderten Garen hallen die Vogelstimmen wider und durch die offenen Räume flattern zitronengelbe Schmetterlinge.

■ UNTEN: Das ehemalige Verwaltungsgebäude der Hazienda steht am zentralen Platz der Stadt.
RECHTE SEITE: An der ruinierten Frontfassade des Hauptgebäudes befinden sich noch die alten Zierkacheln, das Dach hingegen fehlt.

HACIENDA
SANTA ROSA DE LIMA

HAZIENDAS IN EINER SO VERSTECKTEN LAGE
wie Santa Rosa de Lima erscheinen plötzlich – wie eine Fata Morgana – am Ende eines langen, staubigen und manchmal mysteriösen Weges. Nur hier und da gibt es Hinweise darauf, was den Reisenden am Ende seiner Route erwartet. Biegt man von der Hauptstraße zwischen Campeche und Mérida ab, gelangt man in einen Irrgarten von Landstraßen, die schließlich durch ein kleines Arbeiterdorf führen. Und endlich erreichen wir die Tore des herrschaftlichen Anwesens. Wir entdecken den großen, mit Kopfstein gepflasterten Vorhof, sehen die einladende Fassade und freuen uns auf eine Tamarinden-Margarita.

Nahe der antiken Maya-Stätte Chunchucmil, einem ehemals für den Salzhandel wichtigen Ort, kamen die spanischen Eroberer an und übernahmen das Land. Nach mehreren Revolutionen und vielen Jahrhunderten beherbergt dieser Ort nun die friedliche Hazienda mit Namen Santa Rosa de Lima.

Wie die meisten alten Haziendas war auch dieses reizvolle Anwesen früher eine Rinderfarm, doch ging man mit der Zeit und verwandelte Santa Rosa de Lima 1909 in eine florierende Sisalplantage. Der Weg zur Küste war nicht weit, und so wurden die Fasern zum Hafen von Sisal gebracht und von dort aus mit Dampfschiffen nach New Orleans transportiert.

Das Haupthaus mit seinen wohlproportionierten Kolonnaden steht am Rande eines großen, mit Gras überwucherten Platzes. Auf einer Seite des Gebäudes befindet sich eine kleine Kapelle, in einem warmen Ockerton gestrichen und mit strahlend weißen Zierstreifen versehen. Auf der anderen Seite des Platzes liegen, von

■ Die kleine rote Kapelle der Hazienda entstand 1909, im Jahr der Hauptrenovierung. LINKE SEITE: In einem der Hotelzimmer stehen zwei Doppelbetten mit Eisengestellen; die Wände und Friese sind auf die Farben der mexikanischen Bodenfliesen abgestimmt.

■ LINKS: Der Schornstein
der ehemaligen Sisal-
fabrik thront immer noch
über dem Eingang zu den
Gästezimmern.
UNTEN: Ein Swimming-
pool in der alten Zisterne
fließt durch die Bögen
des darüber liegenden
Badehauses.
RECHTE SEITE: Von der
Außenterrasse überblickt
man den Hauptplatz vor
der Hazienda.

üppigen, tropischen Pflanzen verdeckt, die alten Fabrikgebäude von 1916. Auf dem Schornstein sind noch die Initialen H.F.G. zu lesen, die sich auf die Fajardo-Brüder beziehen. Sie hatten sich im frühen 20. Jahrhundert zusammengetan, um die neue Pflanze anzubauen.

Nach einer zweijährigen Restaurierungsphase wurde die Hacienda Santa Rosa de Lima 1997 in ihrer ursprünglichen Pracht als Hotel wiedereröffnet. Die Fabrik wurde in Zimmer und Suiten verwandelt, auf der Rückseite des Gebäudes wurden eine Rasenfläche und ein Pool angelegt. Ein weiterer Pool entstand in der Zisterne und erstreckt sich durch weiß umrandete Bögen in das angrenzende Badehaus. Das Ableitungssystem wird auch zur Bewässerung der dahinter liegenden botanischen Gärten genutzt.

Das Hauptgebäude einer Hazienda wird *casa principal* genannt, da man von dort aus gemeinhin den besten Blick auf den zentralen Platz hat. Auf der Hacienda Santa Rosa de Lima ist sie blau mit weiß abgesetzten Arkaden und trägt auf der Außenseite gelb-rote Friese. Im Gebäudeinnern wurden die Spuren der originalen Friese an der Decke und in Stuhlhöhe restauriert. Lampen in Form von gläsernen Glocken hängen von den hohen, mit Holzbalken versehenen Decken herab und beleuchten die Tische und Korbstühle im Restaurant. Draußen auf der weiträumigen Veranda kann der Gast in bequemen Schaukelstühlen die friedliche Atmosphäre des Anwesens genießen. Auf alten Terrakottafliesen gelangt man zu den Schlafzimmern. Diese hellen, luftigen Räume haben hohe Decken und einfache, weiß lackierte Betten mit frischer weißer Leinenwäsche, die einen geschmackvollen Kontrast zu dem rot-weiß gekachelten Boden bilden. Auch der rote Sockel und der Fries in gleicher Farbe fügen sich farblich in das Gesamtbild ein.

Hinter der *casa principal* befindet sich ein großer, tropischer Garten, der von einer Mauer umschlossen ist. Von Kletterpflanzen umrankte Obstbäume überschatten die Pfade, die sich durch die üppigen Plantagen schlängeln. Hier befindet sich auch eine kleine, einladende Terrasse, auf der schon der Frühstückstisch bereitet ist.

Schaut man von einem der bequemen Stühle der Veranda den Pfauen zu, die in der Abenddämmerung durch den Garten wandeln und ihr Federkleid fächerförmig ausbreiten, ist man endgültig abgetaucht – in die Wonnen des kultivierten Luxuslebens der *haciendados* in Santa Rosa.

■ Im Restaurant hängen gläserne Glockenlampen von der Decke und beleuchten die Tische und Korbstühle.
LINKE SEITE: Die Außenterrasse ist unter der mit Holzbalken versehenen Decke mit einem Muschelfries dekoriert.

WER SICH IN DER UMGEBUNG DER HACIENDA
Temozon aufhält, für den ist eines gewiss – er befindet sich in einer
überaus besonderen Region, in der sich unzählige Maya-Ruinen,
so zum Beispiel Uxmal, Labná und Edzna, befinden. Die Hazienda

HACIENDA TEMOZON

HACIENDA

liegt an der Ruta Puuc, deren Name sich auf den bei den Mayas
vorherrschenden Architekturstil der Zeit von 800 bis 1000 mit seiner
detailreichen Gestaltung der Außenwände bezieht.

Das majestätische Gebäude stammt aus dem Jahre 1665
und war ursprünglich im Besitz von Diego de Mendoza, einem
Nachfahren des Eroberers Francisco de Montejo. Zunächst wurden Rinderzucht und Maisanbau betrieben, bevor die Plantage im
späten 19. Jahrhundert auf den blühenden Handel mit Sisal umge-
stellt wurde. Zum damaligen Zeitpunkt umfasste die Hazienda ein
Gebiet von mehr als 6 400 Hektar, mehr als 640 Menschen arbeiteten

Auf der Speiseterrasse
kann man den Blick auf
den Garten genießen.
Holzdekorationen mit
Lochmuster wurden in die
Bögen über den offenen
Fenstern eingesetzt.

OBEN: Die rot pig-
mentierten Wände der
Hazienda entsprechen
der ursprünglichen
Farbgebung.
RECHTS: Auch die
beeindruckenden
Eingangstore wurden
restauriert und neu
gestrichen.
RECHTE SEITE: Der
Swimmingpool mündet
in eine Wasserrinne im
spanischen Stil.

Eine lange Reihe von Fontänen in Form von Delfinköpfen schmückt diese Mauer.
RECHTE SEITE: Eine Kutsche aus dem 19. Jahrhundert steht auf der überdachten Veranda der alten Hazienda-Fabrik.

hier an den leistungsstärksten Produktionsmaschinen der ganzen Region. Mit zunehmendem Wohlstand wurde die Hazienda zu Beginn des 20. Jahrhunderts ausgebaut und die Gärten neu gestaltet. Doch schon mit der Landreform im Jahre 1917 verkleinerte sich das Territorium der Hazienda um die Hälfte.

Der Eingang zur Hacienda Temozon ist das Aushängeschild. Gärten führen zu niedrigen, wohlproportionierten Treppen, die von einer Reihe Wasser speiender Delfinköpfe bis zur großen Terrasse des Hauptgebäudes flankiert werden. Die Loggia an der *casa principal* bietet einen Ausblick auf den weitläufigen, gepflegten Garten.

Temozon wurde umgestaltet und 1997 als Hotel eröffnet. Für die Arbeiten am Haus wurden die Materialien der Jahrhundertwende benutzt, unter anderem die roten, gelben und blauen Mineralpigmente, die nun wieder die Wände und architektonischen Details schmücken.

Die Fabrik wurde so restauriert, dass der Besucher auch heute noch einen Eindruck von der damaligen Sisalverarbeitung erhält. Einige der alten Maschinen sind noch immer in den großen, offenen Räumen des Industriegebäudes zu finden.

Das Bauwerk beherbergt den wohl größten Swimmingpool auf ganz Yucatán. Sechs große Säulen bilden die architektonische Gliederung dieses ausgedehnten Wasserbeckens.

Die Waschbecken im Badezimmer sind in eine Marmorplatte eingelassen. LINKE SEITE: Ein Gästezimmer mit hohen Decken wird von Ventilatoren gekühlt. Die Bugholz-Verzierung der Bank passt zu dem schmiedeeisernen Doppelbett. Die alten Haken für die Hängematte stecken noch in der Wand.

HACIENDA KATANCHEL

ES GRENZT AN EIN WUNDER, DASS DIE HACIENDA
Katanchel noch steht – hier, am Rande von Mérida, an der Straße
nach Izamal. Sie überstand die Revolution, hielt danach jahrelanger
Vernachlässigung stand und trotzte 2002 auch noch dem Hurrikan
Isidor, der zwölf Stunden lang über der Hazienda tobte. »Er stoppte
über Katanchel, nachdem er aus Kuba herübergewirbelt kam«,
erklärt die Besitzerin des Anwesens, Monica Hernandez. »Er war in
einer Kaltfront gefangen, die wiederum wegen des Hurrikans nicht
weiterziehen konnte. Also blieb er, wo er war – direkt über uns.«

Der spanische Architekt Anibal Gonzales und seine mexikanische Ehefrau Monica Hernandez hatten die zum großen Teil
aus dem 19. Jahrhundert stammende Hacienda Katanchel wunderschön restauriert. Nur drei Jahre diente sie als Hotel, dann kam die
Naturkatastrophe. Die Reparaturen sollten weitere drei Jahre dauern, doch nun glänzt das Anwesen wieder in seiner vollen Pracht.
Allerdings ist es kein Hotel mehr; das Ehepaar empfängt mittlerweile nur noch Freunde und Wochenendbesucher.

Man erreicht Katanchel über eine einspurige Straße, die
vier Kilometer lang und so schmal ist, dass die Zweige oft an beiden Seiten des Autos entlangkratzen. Doch schließlich steht man

■ Die antike mexikanische
Anrichte ist mit blau-
weißen mexikanischen
Keramikvasen und
Glaskugeln dekoriert.
LINKE SEITE: In der *sala
principal* sind die kunstvoll
ausgeführten Friese aus
dem 19. Jahrhundert noch
erhalten.

vor der imposanten Toreinfahrt. Die roten Gebäude erstrecken sich über ein Gebiet von 300 Hektar mit Dschungel, Gärten und Maya-Ruinen, die unter einer Pflanzendecke versteckt liegen. Die alte Bahnstrecke, die früher für den Sisaltransport genutzt wurde, umringt das Gelände noch immer. Heute bringen von Eseln gezogene Schienenwagen die Gäste zu ihren Zimmern.

Anibal und Monica haben sich dazu entschlossen, die Wiederaufforstung der Region voranzutreiben. Die Hazienda versorgt sich größtenteils selbst: Das meiste Obst und Gemüse wird auf dem Gelände angebaut, das über einen eigenen Brunnen verfügt. Windmühlen pumpen das Wasser durch Bewässerungskanäle in den Swimmingpool und an andere Stellen der Hazienda. Der Pool wird wöchentlich trockengelegt, gesäubert und mit frischem Wasser aus der Quelle wieder aufgefüllt. Aus den Wasserhähnen fließt Trinkwasser.

■ LINKS: Die Mauern haben die gleiche Farbe wie die Gebäude und sind weiß abgesetzt.
UNTEN: An der Rückwand der Eingangshalle hängt ein orientalischer Teppich.
LINKE SEITE: Der Haupteingang der Hazienda mit seinen Bögen enthält innen noch einige originale Detailmalereien.

■ Der Billardraum ist im Stil des 19. Jahrhunderts gestaltet. Das verzierte Rundbogenfenster und der mehrfarbig geflieste Fußboden schaffen eine lebendige Atmosphäre.

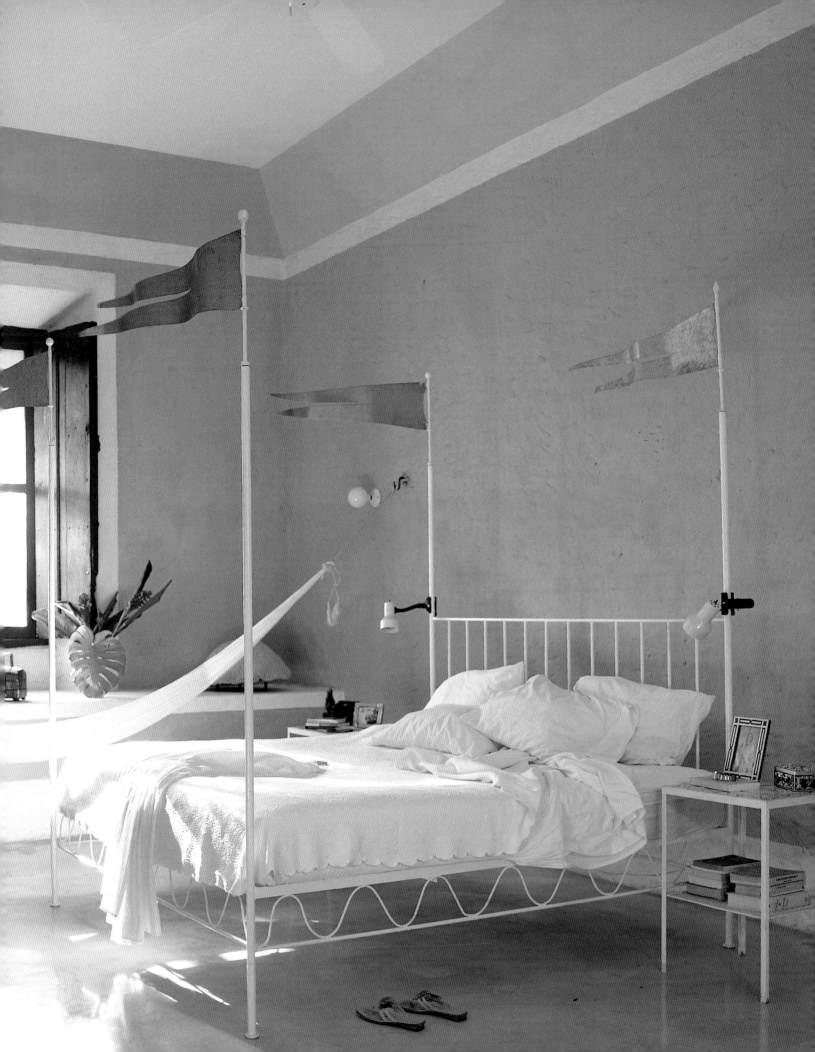

Die bezaubernden Betten der Gästezimmer mit ihren reizenden Details wurden von Anibal Gonzalez entworfen. LINKE SEITE: Das weiß-gelbe Gästeschlafzimmer hat eine hohe Decke und ein schmiedeeisernes Bett mit munteren Fähnchen. Der Wandfarbe wurden gelbe Mineralien aus der Umgebung beigemischt. Sie heißt »amarillo Izamal«, benannt nach der nahe gelegenen Stadt Izamal.

Als das Paar die Hazienda kaufte, war sie komplett verfallen, und Bäume wuchsen in den dachlosen Gebäuden. Doch Anibal ließ sich auf das architektonische Wagnis einer Restaurierung ein. Dabei hatte er strenge Auflagen zu erfüllen, denn auf dem Gelände hatte sich einst ein Maya-Observatorium befunden. Daher wurde äußerst umsichtig gearbeitet, um das Gelände nicht zu zerstören und seine ursprüngliche Anordnung beizubehalten.

Nachdem das Paar beschlossen hatte, Katanchel als Hotel zu eröffnen, errichteten sie entlang der Eisenbahnlinie 33 separate Gebäude als Suiten. Danach übernahm Monica die Bepflanzung und versteckte die Hütten raffiniert in einer tropischen Landschaft.

Im Eingangsgebäude ist noch die wunderschöne Wandver-kleidung aus dem 19. Jahrhundert erhalten. Neben diesem Trakt befindet sich eine kleine Kapelle mit Fußböden aus schwarzem und weißem Marmor, der aus Italien importiert wurde. Die hier und auf der gesamten Hazienda verlegten Bodenfliesen wurden in Yucatán hergestellt, die Wandfarbe ist ein Maya-Gelb aus Mineralien der

Umgebung, das nach der nahe gelegenen, gelb getünchten Stadt Izamal »amarillo Izamal« genannt wird. In der einstigen Sisalfabrik erstrahlen nun eindrucksvolle Räume in viktorianischer Pracht. Der wunderschöne Hauptraum mit seiner beeindruckend hohen Decke dient als Wohnzimmer und öffnet sich zum angrenzenden Billardraum, der in einem freundlichen Gelb gehalten ist.

Der Hotelbetrieb war außerordentlich erfolgreich, die Küche von Magazinen bejubelt. Zwar wird das Anwesen nun privat genutzt, doch vermieten die Eigentümer ihre Hazienda bisweilen. Das Ehepaar liebt diesen faszinierenden Teil Mexikos. Monica wuchs ganz in der Nähe auf – in einer Hazienda in Veracruz. Sicher liegt hierin auch einer der Gründe dafür, dass sie sich mit Leidenschaft den ökologischen Aspekten der Umgebung verschrieben hat.

■ Gäste werden mit dem Schienenwagen auf dem ehemaligen Transportweg des Sisals über das Gelände kutschiert.
RECHTE SEITE: Eine Sitzgruppe mit einem Tisch und zwei Stühlen aus Metall lädt zum Nachmittagstee ein.

EIGENTLICH IST DIE HACIENDA PUERTA CAMPECHE keine wirkliche Hazienda, aber sie hat denselben Charme und charakteristisch ländlichen Stil wie ihre authentischen Namensvettern. Für das Hotel wurde eine kleine Gruppe verfallener Stadthäuser

HACIENDA PUERTA CAMPECHE

aus dem 18. Jahrhundert zusammengefasst, die ohne Dach mitten im Zentrum der farbenfrohen Küstenstadt Campeche standen. Die Gebäude sind durch die alte Stadtmauer geschützt, und so fühlt man sich wie auf dem weitläufigen und verschachtelten Gelände einer Hazienda.

Die Restaurierungsarbeiten wurden mit demselben Aufwand betrieben wie bei den verfallenen Haziendas – und so verwandelten sich die einzelnen Häuser in wunderschöne Hotelsuiten. Das Prachtstück der Anlage ist der zentrale Pool. Er wurde so gestaltet, dass er in die Ruine eines alten Hauses hinein- und auch wieder aus ihr hinausführt. Badende können das Gebäude schwimmend erkunden; oder sie schaukeln einfach genüsslich in einer der Hängematten, die über dem Wasser aufgehängt sind.

Campeche, die Stadt mit einer Vielzahl von Gebäuden aus dem 16. Jahrhundert, gehört zum Weltkulturerbe der UNESCO und lässt sich am besten zu Fuß erkunden. Stadtspaziergänge und Besuche der nahe gelegenen Maya-Ruinen und des präkolumbischen Museums gehören zu den Attraktionen für die Gäste. Die Hacienda Puerta Campeche ist perfekt gelegen, um diese eher unbekannte Region der Halbinsel Yucatán zu erkunden.

■ Der Swimmingpool wurde mitten in die Ruine eines alten Hauses platziert. Stufen führen hinab in das seichte Becken, das sich durch die alten Räume zieht.

LINKS: Ein alter Baum klammert sich an eine Wand im Innenhof des Hotels.
UNTEN: Innen wie außen verbreiten die Pools eine kühlende, entspannende Atmosphäre.
RECHTE SEITE: Die Hängematten verführen zu einer Siesta über dem Wasser.

Für Besucher aus den kalten nördlichen Klimazonen ist die mexikanische Küste ein Paradies. An weiten, einladenden Sandstränden wiegen sich die Palmen, und das glitzernde Meer ist immer warm. Auf einer Seite des Kontinents trifft Mexiko auf die Karibik, auf der anderen verläuft das Land entlang des Pazifik und säumt den Golf von Kalifornien. Dabei schlängelt es sich um kleine Buchten und Meeresarme.

HÄUSER AM MEER

Es gibt viele Varianten mexikanischer Strandhäuser, doch sind die meisten von der über Jahrhunderte entwickelten indigenen Bauweise inspiriert, die eine optimale Nutzung von Schatten und kühlen Brisen garantiert. Häuser mit Palmendach – *palapas* – sind die typischen Gebäude. In Orten wie Careyes, südlich von Puerto Vallarta an der Pazifikküste, findet man elegante architektonische Meisterwerke.

Natürlich gibt es an Mexikos Küste auch andere Architekturformen. Die Fischerdörfer mit ihren vielen kleinen Häusern in leuchtenden Farben sind heitere und lebendige Orte für Besucher, die sich nach Sonne und Wärme sehnen. Und eine majestätische Villa mit Kuppeln und Torbögen sowie einem außergewöhnlichen Ausblick auf die Küste ist mitunter ebenso elegant wie ein edles Herrenhaus. Die Vielfalt der Wohnmöglichkeiten ist unendlich.

In diesem Kapitel zeigen wir Häuser, die unter anderem von Marco Aldaco und Enrique Zozaya an der Pazifikküste gebaut wurden – darunter sowohl große Anwesen wie Cuixmala als auch kleinere Häuser wie etwa die Casa Tortuga. Auch Manolo Mestre hat viele Häuser an der Küste zwischen Acapulco und Puerto Vallarta gebaut, die meisten von ihnen allerdings in der Nähe von Careyes. Duccio Ermenegildos Domizil in Careyes liegt zwar nicht direkt am Wasser, bietet aber vom Dachgeschoss einen fantastischen Blick aufs Meer. Die an der Küste gelegenen Häuser mögen noch so exotisch und edel ausgestattet sein – ihr typischstes Merkmal ist und bleibt eine lässig aufgehängte Hängematte mit vielen Kissen.

■ OBEN: Dieses Strandhaus mit *palapa*-Dach, entworfen von Marco Aldaco, steht in Acapulco.
LINKS: In einer Küche von Duccio Ermenegildo ist das Abendessen in Vorbereitung.
LINKE SEITE OBEN: Diese farbige Treppe trägt die unverkennbare Handschrift von Manolo Mestre.
LINKE SEITE UNTEN: Die blaue Terrasse bietet einen Blick aufs Meer bei Careyes.

LA META

OBWOHL MARI CARMEN HERNANDEZ SCHON VOR Jahren ihr Heimatland Mexiko verließ, verlor die Künstlerin nie den Bezug zu ihren Wurzeln. Die schlanke, anmutige Frau mit dem langen grauen Haar war einst eine enge Freundin des Architekten Luis Barragán, doch als sie erkannte, dass sie selbst nicht zur Architektin berufen war, siedelte sie nach Paris über.

Mexiko aber blieb immer die Quelle ihrer Inspiration, und daher beschloss sie, für sich und ihren Sohn ein Sommerhaus

■ Einfache Holzbänke umringen den Tisch mit der Granitplatte; im Hintergrund hängt ein Gemälde der Künstlerin. LINKE SEITE: Der Pool verschmälert sich nach hinten und wirkt dadurch länger. Die an Seilen aufgehängte Schaukel eignet sich gut als Sprungbrett.

■ Die Treppe aus Lehm-
ziegeln mit dem Dach
im *palapa*-Stil und der
geschwungenen Mauer
ist in Orange und Pink
gestrichen.
RECHTE SEITE: Im oberen
Stockwerk befinden sich
das Hauptschlafzimmer
und das Atelier.

an der mexikanischen Pazifikküste zu bauen. Sie fand einen perfekten Standort in Troncones, einer Gemeinde an einem langen Sandstrand nördlich des Urlaubsortes Ixtapa. Sie arbeitete mit dem mexikanischen Architekten Enrique Zozaya zusammen, aber auch ihr Freund Duccio Ermenegildo, Architekt und Gestalter mehrerer Häuser in Careyes, steuerte kreative Ideen bei. Umgeben von pinkfarbenen Bougainvilleen und direkt am Meer entstand ein Haus, das viel Platz für das Atelier, aber auch für Familie und Freunde bietet.

Nach der langen Fahrt von Ixtapa entlang der Küste ist es eine Wohltat, am malerischen Eingang von La Meta anzukommen, hinter dem sich ein kopfsteingepflasterter Innenhof öffnet.

■ OBEN: Für das Atelier
der Künstlerin wurden
natürliche Baumaterialien
verwendet.
RECHTS: Die Küche wird
mit einer eingebauten
Eckbank und den darüber
hängenden Tellerregalen
optimal genutzt.
RECHTE SEITE: Die Sand
Dollars, eine Art Seeigel,
sind Fundstücke vom
Strand. Sie wirken wie
Skulpturen.

Ein Pfad leitet zum Haus mit seiner einladenden, zweistöckigen Fassade in verblichenem Pink-Orange und dem Palmdach. Links vom Eingang führt eine geschwungene Treppe aus Lehmziegeln zu einem offenen Zwischengeschoss, wo Hernandez mehrere mexikanische Hängematten in bunten Farben aufgehängt hat. Ihre eigenen Räume liegen gleich dahinter: ein wunderbares Atelier und ein Schlafzimmer mit Meerblick. Von dem kleinen Balkon aus schaut man auf Palmen und die *palapa*-Dächer der Nachbarhäuser.

Durch die Wohn- und Esszimmer mit ihren hohen Decken weht ungehindert die Meeresbrise. Von hier aus hat man einen Blick auf den nahen Pazifik, der von einem langen, blau-weißen, von einem hohen Holzgitterwerk gerahmten Swimmingpool scheinbar auf Distanz gehalten wird. Hernandez als begeisterte Schwimmerin wünschte sich einen möglichst großen Pool. Zum Zeitpunkt des Baus aber war ihr Grundstück nur 20 Meter lang, daher bediente sie sich einer optischen Täuschung: Das Wasserbecken verjüngt sich zum Strand hin und suggeriert damit eine Dimension, die es in Wirklichkeit gar nicht hat. Mittlerweile hat die Hausherrin Land hinzugekauft und eine Oase aus Palmen angelegt, die den Ausblick auf die tropische Umgebung vor ihrem Haus ergänzt.

OBEN: Das große Schlafzimmer führt auf einen kleinen Balkon.
UNTEN: Eine einfache Bank auf dem Weg zum Strand.
LINKE SEITE: Das Eingangstor ist von Bougainvilleen umringt. Die in den Boden eingelassenen Holzschwellen führen zwischen zwei Gebäuden mit *palapa*-Dach hindurch zum Haupthaus.

Das Treppenhaus führt zu einer Terrasse, die für die Siesta hergerichtet ist. RECHTE SEITE: Der lang gestreckte Swimmingpool verbindet Funktion und Illusion.

An der Wand hinter dem groben Esstisch aus Granit hängt Mari Carmen Hernandez ihre Gemälde auf, die von der Natur und ihrem Heimatland Mexiko beeinflusst sind.

Viele Möbel – Betten, Bänke, Nachtschränkchen und sogar Badewannen – wurden in die Wände integriert, und wenn Hernandez aus Paris hier ankommt, braucht sie nur Kissen, ein paar Bänke und kleine Holztische hinzuzufügen, und schon ist die Einrichtung komplett.

CASA TORTUGA

IN DEN LETZTEN BEIDEN JAHRHUNDERTEN HAT sich Cabo San Lucas von einem primitiven Bade- und Fischerort zu einer Goldgrube für Immobilienmakler entwickelt. An der Straße zum Flughafen Los Cabos liegen heute einige der weltweit glamourösesten Urlaubsorte und völlig unerwartet eine Reihe von Golfplätzen inmitten der öden Wüstenlandschaft. Bis vor ein paar Jahren gab es an diesem außergewöhnlich kargen Küstenstreifen, abgesehen von ein paar vereinzelten Häusern und Hotels, nur Kakteen. Heute präsentiert sich hier eine fast städtische Häuserdichte, und die Preise vieler Anwesen sind mit denen in Malibu zu vergleichen.

Die Casa Tortuga, das Strandhaus von Alison Palevsky, liegt in einem dicht besiedelten Wohngebiet zwischen dem Meer und der großen Küstenstraße, nur wenige Minuten von der pulsierenden Stadt Cabo San Lucas entfernt. Es thront auf den Felsen direkt über dem Meer, und man kann früh morgens die Hochseeangler beobachten, die mit ihren Fischerbooten aufs Meer hinausfahren.

Nähert man sich über die Stufen von der kleinen Straße aus der Eingangstür, weist noch kaum etwas auf die außergewöhnlichen Wohnbereiche im Inneren hin, und man bemerkt auch nicht

■ Geschwungene Stufen führen hinauf in das organisch gestaltete, weiß verputzte Haus. Die Agaven in den mexikanischen Blumentöpfen bilden scharfe Silhouetten vor der weißen Wand.

■ OBEN: Die Badewanne
wird durch ein Oberlicht
und zwei riesige Bienen-
wachskerzen beleuchtet.
LINKS: Im Obergeschoss
bieten die unregelmäßi-
gen Wände Sitzgelegen-
heiten und Abstellflächen
für die eleganten Holz-
vasen.

die unmittelbare Nähe zum Meer – umso größer ist das Erstaunen, wenn man es plötzlich durch das Fenster erblickt.

Eine kleine Eingangshalle führt direkt in ein Wohnzimmer, dessen Wände organisch gestaltet sind. Eine Trennwand mit eingelassenen Sitzbänken umrundet einen erhöhten Zentralbereich, der von einer Kuppel mit Oberlicht überspannt wird. Um diesen Kernbereich herum führen Rundgänge zu den Terrassen und den Gästezimmern, die schlicht und gemütlich eingerichtet sind.

Die kleine Terrasse vor dem Haus lädt ein zu einem Sonnenbad oder einer Erfrischung im Pool, während die obere Terrasse mit dem herrlichen Blick aufs Meer als Essbereich dient.

Das Haus ist das Wochenenddomizil von Alison Palevsky und ihrer Geschäftspartnerin Sarah Shetter. Es dient ihnen als Rückzugsort von dem hektischen Alltag in Los Angeles. Und was für ein paradiesisches Leben führt man hier: Man wird geweckt vom sanften Meeresrauschen und hat einen atemberaubenden Blick auf die bizarren Felsformationen von Land's End, die zu den Hauptattraktionen von Cabo San Lucas gehören.

■ Die Terrasse bietet einen fantastischen Meerblick. Der kleine Pool ist auf die Stelle hin ausgerichtet, wo der Golf von Kalifornien auf den Pazifik trifft. Für das Geländer wurden geschälte Holzstämme mit Tauen verknotet.
RECHTE SEITE: Ein ähnliches Design hat das Bett, das an der Decke hängt: Die ungewöhnliche Kombination aus Holz, Tau und einem Moskitonetz verleiht ihm eine romantische Note.

KAUM HAT MAN IN PUERTO VALLARTA DAS FLUG-
zeug verlassen, schlägt einem die feucht-warme Luft entgegen. Sogar
der Flughafen hier ist faszinierend; er ist umgeben von Kokospalmen
und verströmt einen tropischen Charme. Die Siedlung Punta Mita
liegt nur 20 Autominuten weiter nördlich an der Küste. Im Zentrum
steht das luxuriöse Four Seasons Hotel, umgeben von wunderschönen Privathäusern, die die weite Bucht säumen. In dem neuen
Haus des Videoproduzenten Joe Francis aus Los Angeles durfte der
Innenarchitekt Martyn Lawrence-Bullard nach Herzenslust kreative
Energien ausleben – Platz dafür hatte er genug.

CASA ARAMARA

Es war ein großes Projekt für Martynus-Tripp, die kleine,
aber sehr erfolgreiche Designfirma mit Sitz in Los Angeles. Dieses
Haus einzurichten bedeutete eine Herausforderung, und Lawrence-
Bullards Partner, Trip Haenisch, musste eine ganze Schiffsladung
von Möbeln besorgen, die für jeden Raum individuell angefertigt
wurden – und zwar in Indonesien.

Von tropischen Pflanzen gesäumte Wege leiten zu einem
breiten Eingang mit einem kleinen, in den Boden eingelassenen
Brunnen. Weitere Passagen und Treppen führen zu Gästezimmern,
Wellness-Bereichen und den Privaträumen und erlauben einen Blick
auf das riesige, verlockende Wohnzimmer mit dem Palmdach, in
dessen Hintergrund das Meer schimmert. Dieses Haus wurde für
Gesellschaften erbaut, und Francis kommt am Wochenende meist
mit einem wahren Gefolge von Gästen hierher. Er ist ein ungewöhnlich engagierter Gastgeber: Seine Besucher können sich rund
um die Uhr massieren lassen, in die Sauna gehen oder sich beim
Sporttauchen, Wasserski und Tennis vergnügen.

■ Der Eingang bietet
einen direkten Meerblick.
LINKE SEITE: Im Ess-
zimmer hängen hand-
bemalte Kugellampen aus
Raffiabast; das Dach ist
im *palapa*-Stil gedeckt.

Lawrence-Bullard gelang es, dem Wochenendhaus trotz seiner Größe Intimität zu verleihen. Im Esszimmer beispielsweise wird der massive Tisch mit den riesigen, festlichen Lampen von einem Schrank mit einer Sammlung von Seesternen begleitet. Sie erwecken den Eindruck, als seien sie über Jahre gesammelt worden und verleihen so dem Raum eine persönliche Note.

Haenisch entwarf den Tisch aus einem riesigen Holzstamm und verschiffte ihn nach Mexiko. Er musste allerdings 20 Personen anheuern, um ihn zum Haus zu tragen. Kein Zweifel – auf diesem riesigen Anwesen lebt man im großen Stil.

■ Über der Bank mit den indonesischen Batik-Kissen hängen Fotos von Tim Street-Porter. Der Fußboden ist im Zickzackmuster mit Kieselsteinen ausgelegt. RECHTE SEITE: Die Firma Martynus-Tripp entwarf die Türen im gesamten Haus; diese hat ein maurisches Design und Sterne aus blauem Glas.

COSTA CAREYES

MAGAZINE AUS DER GANZEN WELT SCHICKTEN
bereits Fotografen nach Careyes, und unzählige Hochglanzbilder zeigen uns Interieurs, Lebensstil und Strände dieses Ortes. Nicht schlecht
für ein kleines Städtchen mit einem Hotel und ein paar Restaurants,
das mehrere Stunden vom nächsten Flughafen entfernt liegt.

    Der Grund für diese Aufmerksamkeit ist der homogene und
außerordentlich fotogene Architekturstil, der sich in den letzten
35 Jahren hier an der mexikanischen Pazifikküste entwickelt hat.

■ Pferde werden betreut,
während sie auf ihren
Einsatz beim Polo warten.
LINKE SEITE: Vom Meer
aus betrachtet wirkt ein
typisches Haus in Careyes
wie ein leuchtender
Farbfleck in der Landschaft.

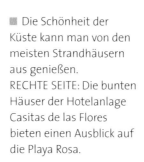

■ Die Schönheit der Küste kann man von den meisten Strandhäusern aus genießen.
RECHTE SEITE: Die bunten Häuser der Hotelanlage Casitas de las Flores bieten einen Ausblick auf die Playa Rosa.

Bei vielen Strandhäusern hat man den besten Ausblick vom Dach aus. Hier bietet ein behagliches Tagesbett mit vielen Kissen einen gemütlichen Platz zum Betrachten des Sonnenuntergangs. RECHTE SEITE: Gianfranco Brignone, der Gründer von Careyes, baute ein Atelier mit einer Leiter, die in den Himmel ragt.

Angefangen hatte alles mit einem Haus für Loel und Gloria Guinnes in Acapulco, das der in Guadalajara ansässige Architekt Marco Aldaco in den frühen 1970er Jahren entworfen hatte. Es brach mit den Konventionen der klimatisierten »Kästen«, die damals in Mode waren. Mit seinem Palmendach und den offenen Seitenwänden, durch die Luft strömen konnte, folgte dieses Haus einem organischen Konzept. Im selben Stil gestaltete Aldaco das erste Haus in Careyes für Gianfranco Brignone, den Gründer der Stadt. Dieses Gebäude sollte allen folgenden Häusern als Vorgabe dienen. Brignone, der sich noch immer um die Stadtentwicklung kümmert, hat dafür gesorgt, dass in Careyes ein konsistenter, homogener Architekturstil beibehalten wird – heutzutage ein wirklich seltenes Phänomen.

Der typische Careyes-Stil entwickelte sich aus einer Kombination von lokalen Materialien mit modernem Design. Architekten verbanden die einheimischen Traditionen mit zeitgemäßen, strengen Grundrissen und den modernen Anforderungen an Küche und Bad.

Die Häuser von Careyes befinden sich in unterschiedlicher Umgebung – an Sandstränden, am Hafen und hoch oben auf den Klippen. Fast alle sind mit *palapa*-Dächern und Überlaufpools ausgestattet, die über dem Meer schweben und Himmel und Wasser miteinander verbinden, während die Pelikanschwärme vorbeiziehen. Von Playa Rosa, dem Dorf inmitten von Careyes, schaut man auf den Hafen. Die Villen hier kann man mieten – ideale Domizile für Besucher, die diesen magischen Ort entdecken möchten.

ALS DER ARCHITEKT DUCCIO ERMENEGILDO VOR
über zehn Jahren das 1000 Quadratmeter große Grundstück nahe
der Küste in Careyes kaufte, ahnte er noch nicht, wie der Bau eines
Hauses in Mexiko sein Leben verändern würde. Er war damals
Teilhaber eines erfolgreichen Restaurants in Mexiko-Stadt und inte-

CASA COLIBRI

ressierte sich zunächst nicht besonders für Architektur. Allerdings
fesselten ihn die kulinarischen Genüsse und die Kultur Mexikos
zunehmend. Als er im April 1995 für ein Wochenende nach Careyes
kam, kaufte er spontan das Grundstück mitsamt dem dort stehen-
den Häuschen, an dem er nun, nach zehn Jahren, immer noch baut.
Durch dieses Haus wurde er zum Architekten. Er lernte, indem er
einfach ausprobierte, und er entdeckte seine Liebe zur Gestaltung
von Formen und Räumen.

Das lange, keilförmige Grundstück liegt einen Block vom
Meer entfernt, das hier von einer steilen Klippe überragt wird.
Ermenegildo musste die Wohnräume umgestalten, um einen Meerblick zu erhalten. Außerdem baute er eine geräumige Küche ein,
denn er ist ein exzellenter Koch und liebt es, Gäste zu bewirten.

Das Haus ist nicht groß, doch durch die sorgfältig geplanten
neuen Räume wird es optimal genutzt. Das gesamte Grundstück
scheint auf den Swimmingpool zuzulaufen – in den man bei dem
tropischen Klima am liebsten sofort hineinspringen möchte.

Der Hauseingang ist dicht mit Hibiskus bewachsen, wodurch
die geringe Breite des Grundstücks nicht so sehr ins Auge fällt. Er
öffnet sich zu einer *palapa*, in der die meisten Gesellschaften statt-

■ LINKE SEITE: Ein Blick
vom Swimmingpool auf
das große Wohnzimmer
im *palapa*-Stil. Links
daneben befindet sich
die Küche, während der
Gebäudeteil dahinter
die Schlafzimmer und
Ermenegildos Studio
beherbergt.

■ Diese Ansichten
vom Haus zeigen, wie
Ermenegildo Farben
einsetzt, um damit die
wohlproportionierten
Wände in der Casa Colibri
voneinander abzugrenzen.
RECHTE SEITE: Die Hänge-
matte aus Guatemala
auf der Terrasse vor dem
Studio wird von einem
einfachen Holzgitter
überdacht.

finden. Die Casa Colibri ist nach den Vögeln benannt, die zwischen den roten Hibiskusblüten umherfliegen. Der Garten mündet in einen offenen Speiseraum und eine Küche mit Palmendach, die zwar fensterlos ist, sich aber zu einem Barbecue-Bereich hin öffnet. Die Küche ist gut aufgeteilt, und seit kurzem gibt es auch einen Kühlraum, in den man durch eine Isoliertür aus rostfreiem Stahl gelangt.

Hinter der rustikalen Schönheit der Lehmwände und Palmendächer dieses typischen Strandhauses finden sich alle erdenklichen technischen Annehmlichkeiten. Ermenegildo hat auf dem gesamten Gelände einen drahtlosen Internetzugang, und über Satellitenfernsehen empfängt er Programme aus aller Welt.

Der Hausherr bepflanzte seinen Garten so dicht mit Palmen, dass man vor allem beim Blick von oben meint, es befinde sich mitten in einem Wald, gänzlich abgeschirmt von den Blicken der benachbarten Grundstücke. Hier, im oberen Stockwerk, gestaltete Ermenegildo ein offenes Wohnzimmer, um den einzigen Meerblick optimal zu nutzen. Der Raum ist nach Westen ausgerichtet, und das große, bequeme Sofa bietet dem Hausherrn und seiner Freundin Nicolle Meyer die Möglichkeit, den Sonnenuntergang vom besten Platz des Hauses aus zu beobachten.

Ermenegildo gibt sich jedoch nicht damit zufrieden, nur an seinem hier geschaffenen Paradies weiterzuarbeiten, er hat auch ein anderes Strandhaus in Careyes gebaut, das bereits in vielen Magazinen zu sehen war. Außerdem ist er mit dem Bau eines weiteren Hauses in der Dominikanischen Republik beschäftigt und arbeitet an Projekten auf Ibiza und in Frankreich. Dies allerdings hat den Ausbau seines Hauses in Careyes zur Folge, da er in seinem Studio mehr Platz benötigt: Er ist schon dabei, ein weiteres Zimmer anzubauen.

■ Der Stuhl mit einer Sitzfläche aus Kuhfell setzt einen optischen Akzent in der Bibliothek vor dem Schlafzimmer. LINKE SEITE: Das große Badezimmer hat einen eigenen Innenhof. Die Badewanne aus Gussbeton ist mit einer Mischung aus weißem Beton und Marmorpulver beschichtet.

■ Ermenegildo hat
niedriges Mobiliar für
die große *palapa* und die
Terrasse im Obergeschoss
entworfen, um die
Aussicht auf den Pool, den
tropischen Garten und
das Meer zu erhalten.

■ Der an die Küche
angrenzende Hof wird für
Mahlzeiten unter freiem
Himmel genutzt.
LINKE SEITE: Als passionier-
ter Koch liebt Ermenegildo
es, seine Freunde zu
bewirten. Tisch und Stühle
hat er selbst entworfen.

CUIXMALA

AUF DER SUCHE NACH SEINEM PRIVATEN PARA-dies kaufte der britische Milliardär und Finanzinvestor Sir James Goldsmith 1987 ein Stück Land an einem verlassenen und zerklüfteten Teil der mexikanischen Küste. Nach nunmehr 20 Jahren hat es sich in ein exotisches Anwesen – teils prunkvolles Vergnügungsschloss, teils Naturreservat – verwandelt.

Cuixmala liegt einige Kilometer südlich von Careyes. Das atemberaubende, 800 Hektar große Anwesen erstreckt sich von der Küstenstraße bis zum Pazifik und verfügt über eine reiche Vielfalt an Flora und Fauna: Bewaldete Hügel und Plantagen gehen in eine savannenartige Ebene über und bieten Zebras, Gazellen und Ozelots einen Lebensraum. In den Lagunen an der Küste wimmelt es von

■ Die Reitställe sind im Stil der traditionellen Haziendas gebaut. Sie beherbergen Pferde für die Familie und die Gäste. RECHTE SEITE: Imposante Treppen nach dem Vorbild italienischer Kaskaden bilden den Hintergrund für den großen Pool von La Loma, dem Hauptgebäude von Cuixmala. SEITEN 196/197: Ein kleinerer Pool mit Blick auf den Privatstrand.

Krokodilen und der dreieinhalb Kilometer lange, einsame Strand, der sich über die gesamte Breite des Grundstücks erstreckt, dient jedes Jahr Tausenden von Schildkröten als Brutstätte. Cuixmala liegt inmitten einer 12 000 Hektar großen Biosphäre, die von hier ansässigen Biologen verwaltet wird. Goldsmith hatte sie als einer der ersten hier aktiven Naturschützer zusammen mit der Universität von Mexiko begründet. Im Zuge dessen werden auf dem Anwesen auch ökologische Lebensmittel produziert.

In Zusammenarbeit mit dem New Yorker Architekten Robert Couturier entwarf Goldsmith mit La Loma sein eigenes, maurisches Fantasiehaus an einem Steilufer über dem Meer. Rings herum entstanden Häuser für seine Großfamilie und Freunde, einige mit Meerblick, andere mit einer Ausrichtung zur Lagune hin. In den Hügeln hinter dem Tal liegen die Reitställe und weitere Häuser für die Angestellten. Ganz im Sinne des Umweltschutzes gibt es in

■ Eine komfortable *Equipal*-Bank mit gestreiften Polstern und Kissen auf einer schattigen Terrasse in La Loma.
RECHTE SEITE: Die Stühle auf der großen Speiseterrasse von La Loma sind aus Knochen und Ebenholz gefertigt. Von hier aus bietet sich ein fantastischer Blick über das Anwesen.

UNTEN: Einige der unzähligen Speisezimmer des Anwesens sind mit *Equipal*-Stühlen möbliert, deren braune Texturen gut mit den Naturtönen und dem hellen Putz der Räume harmonieren. RECHTS: Die bunte, lichtdurchflutete Speiseterrasse mit den riesigen Topfpflanzen ist der perfekte Ort für ein sonniges, entspanntes Frühstück.

In dem von Duccio Ermenegildo gestalteten, farbenfrohen Pool-Haus der Casa Arcadia sind *Equipal*-Stühle um einen Zement-Tisch gruppiert. Von hier aus kann man auf das Meer schauen und sich von angenehmen Brisen erfrischen lassen.

Cuixmala keine Klimaanlagen, stattdessen sorgen hohe Decken für Belüftung in den Innenräumen.

Seit dem Tod von Sir James vor zehn Jahren lebt seine Tochter Alix Marcaccini mit ihrem Ehemann Goffredo und ihren drei Kindern hier. Ihr eigenes Haus, die Casa Arcadia, liegt auf einem Hügel am Rande der Plantagen. Erst vor kurzem beauftragte sie Duccio Ermenegildo, hier ein neues Pool-Haus zu errichten und in einem der Gästehäuser ein Schwimmbecken zu kreieren. Alle

■ Von diesem mit mexikanischen Stoffen bezogenen Bett im Gästehaus hat man einen Ausblick auf das Anwesen.
LINKE SEITE: Die Sitzgelegenheiten im maurisch inspirierten Wohnzimmer von La Loma sind mit indischen Textilien überzogen.

Häuser haben Außenterrassen, auf denen man wunderbar entspannen, aber auch Gäste und Familienmitglieder empfangen kann.

Die Marcaccinis führen auch das Hotel Hacienda de San Antonio, das ebenfalls in diesem Buch vorgestellt wird. Sie sind Umweltschützer und betreiben beide Anwesen unter streng ökologischen Gesichtspunkten. Der natürliche Lebensraum der Region wird so intakt wie möglich gehalten und die Umweltstiftung Cuixmala Ecological Foundation empfängt häufig Studentengruppen.

LAS ALAMANDAS

ISABEL GOLDSMITH HAT EINEN UNBERÜHRTEN
pazifischen Küstenstreifen zwischen Careyes und Puerto Vallarta
als Urlaubsresort erschlossen, das sie mit lebendigen Farben im Stil
der mexikanischen Architektur gestaltete. Die Anlage entwickelte
sich aus ihrem ersten Wohnhaus, das sie bereits in den 1980er Jahren
baute und schließlich zu einem Hotel erweiterte. Inzwischen hat sie
sich selbst ein spektakuläres Haus auf einer Landzunge gebaut, von
wo aus sie die zwei Buchten ihres Grundstücks überblicken kann.

      Nach der langen Fahrt von Puerto Vallarta hierher bedarf
es schon einer gehörigen Portion Selbstvertrauen, um über die
schmale, staubige Straße in den Dschungel einzutauchen. Gerade

■ Die Hängematte aus
Guatemala mit der bunten
mexikanischen Decke ist
in der von Manolo Mestre
entworfenen *palapa*
angebracht.
LINKE SEITE: Ein pinkfarbe-
ner Pavillon bildet den Eingang zum Strand und zu
einem der Restaurants.

■ OBEN: Mit Blütenblättern
wurde das Wort »bien-
venido«, herzlich willkommen, auf ein Gästebett
geschrieben.
LINKS: Eine von Mestre
entworfene Terrasse im
Gästehaus ist mit *Equipal*-
Stühlen und einem dazu
passenden Tisch ausgestattet.
SEITEN 212/213: Das Hauptgebäude des Hotels im
palapa-Stil bietet einen
beeindruckenden Meerblick.
Die Bodenmosaike aus Kie-
seln basieren auf traditionellen mexikanischen Motiven.

fragt man sich, wo man eigentlich gelandet ist, da erscheint eine perfekt angelegte Auffahrt, die zu dem makellosen, bunten Vorhof des Hotels Las Alamandas führt. Der Strand hier scheint unendlich lang und Las Alamandas ist, abgesehen von Goldsmiths neuem Haus weiter oben, das einzige Gebäude im Umkreis von mehreren Kilometern. Die 600 Hektar des Anwesens sind ein Paradies mit exotischen Bäumen, Palmen und wilden Vögeln.

Die 14 Suiten wurden mit mexikanischen Möbeln und Kunsthandwerk ausgestattet, die Farben des Hotels sind denen der Blumen auf dem Gelände nachempfunden: das Pink der Bougainvilleen, das Gelb der Alamandas und das Weiß der Gardenien erscheinen auf Kissen, Bettbezügen und an den Wänden von Las Alamandas. Und als sei das Ambiente noch nicht einladend genug, heißen die Bettdecken mit ihrem »bienvenido« den Besucher willkommen.

■ Die Wege zum Strand und die Treppen zu den Gästehäusern schlängeln sich durch die Landschaft. LINKE SEITE: Dieses Hotelzimmer mit einer aus Ziegeln gemauerten Decke wurde von Manolo Mestre entworfen. An dem rustikalen Himmelbett hängen hauchdünne weiße Baumwollvorhänge.

■ Die kleinen *palapas* und Pavillons am Pool tragen die Farben der pinkfarbenen Bougainvilleen und der gelben Alamandas. Das Anwesen ist eine beliebte Kulisse für Modefotografien.

CASA LUNA

ES GEHÖRT ZU DEN GRÖSSTEN KOMPLIMENTEN
für einen Architekten, der gerade ein Gebäude vollendet hat, den
nächsten Auftrag gleich vom Nachbarn zu bekommen. Als Manolo
Mestre die Casa dos Estrellas mit Blick auf die Playa Rosa fertig-
gestellt hatte, erhielt er einen Anruf von Chris Tribull, dem neuen
Besitzer des Grundstücks nebenan: Ob Mestre auch ihm ein Haus
bauen könne? Dies war die einmalige Gelegenheit zur Gestaltung
eines Hauses, das einerseits zu seinem Nachbargebäude in Beziehung
steht, gleichzeitig aber beiden Besitzern Individualität garantiert.

Die Casa Luna entstand in einer organischen Form, und es
scheint fast so, als habe es sich selbst entlang der Klippe mit Blick auf
das Meer und den Horizont ausgestreckt. Vögel gleiten im Aufwind
am Rand des Pools entlang, der sich harmonisch in die umliegende
Natur einfügt. »Ich wollte das Meer zum Haus hinaufbringen«,
erklärt der Architekt und fügt hinzu, den Kaktus am Rand habe
er stehen lassen, »weil er dem Ausblick mehr Tiefe verleiht.« Ein
runder Eingangshof verdeckt zunächst den Zugang zum Anwesen.
»Die runden Wände und der Brunnen in der Mitte fungieren wie ein

Ein einzelner Kaktus
in einer roten Nische setzt
einen optischen Akzent
im großen Esszimmer.

■ Der geschwungene, elegante Pool folgt dem Rand der Klippe.
RECHTE SEITE: Mestres Liebe zur organischen Gestaltung zeigt sich in seiner Verwendung von Steinmosaiken und Naturzäunen sowie dem Kaktus, der am Rand des Pools belassen wurde und nun den Vordergrund für den Meerblick bildet.

Filter zwischen dem Haus und der Außenwelt«, begründet Mestre seine architektonische Gestaltung.

Die Wohnbereiche verteilen sich über die gesamte Länge des Anwesens, so dass man überall eine Aussicht aufs Meer hat. Die Gebäude sind so offen wie möglich, denn die besondere Atmosphäre in Careyes kann man nur genießen, wenn man draußen lebt. Ess- und Wohnbereich befinden sich in einer gemeinsamen *palapa*, die Schlafzimmer sind in einem separaten Flügel untergebracht. »Dieses Haus ist so besonders, weil es auf Chris bei jedem Besuch eine meditative Wirkung ausübt«, stellt Mestre abschließend fest.

RECHTS: Die Sitzbänke des Wohnzimmers unter freiem Himmel werden von einem Dach aus Holzleisten geschützt.
UNTEN: Die anmutig geschwungenen Wände im Eingangsbereich umschließen einen in Stein gehauenen Brunnen, in dessen Kieselsteinmuster sich die Geometrie des kleinen Vorplatzes wiederfindet.
RECHTE SEITE: Ein in kräftigen Farben gestrichener Bogengang verbindet die Wohnbereiche miteinander.

CASA PACIFICA

DIE LUXURIÖSE HOTELANLAGE CASA DE CAMPO, eine Enklave der Reichen und Schönen in La Romana in der Dominikanischen Republik, wurde durch den Modeschöpfer Oscar de la Renta berühmt. Auf dem sündhaft teuren Areal befinden sich auch viele private Anwesen; ihr Architekturstil ist irgendwo zwischen Palm Beach und Bermudas angesiedelt und favorisiert säulenbestandene Fassaden. Als Duccio Ermenegildo die Casa Pacifica für eine hier ansässige Familie vollendet hatte, kam die ganze Stadt aus dem Staunen nicht mehr heraus. Nie zuvor hatten sie eine mexikanische, strohgedeckte *palapa* gesehen, und schon gar nicht in einer solch majestätischen Größe.

Ermenegildo verwendete für die Casa Pacifica die gleichen Bauelemente wie für seine Häuser in Careyes, fügte aber architektonische Elemente hinzu, die einem Haus von 1 600 Quadratmetern Größe entsprechen. Ein Bogengang verleiht der Frontfassade Charakter, und den kühn geschwungenen, mit Holzsäulen versehenen Einschnitt des kurvigen Treppenhauses sieht man schon vom Eingang aus. Ermenegildo brachte eine Gruppe von Handwerkern aus Careyes hierher, die dem Gebäude eine authentisch mexika-

■ Vor dem Haus befindet sich ein Hof mit einem zentralen Brunnen. Ermenegildo brachte einen unverkennbar mexikanischen Stil auf das Gelände von Casa de Campo.

LINKS: Palmen in einem Innenhof, der zu einer der *palapas* führt.

UNTEN: In dem Speisebereich unter freiem Himmel gibt es sogar einen Pizzaofen. Ermenegildo entwarf den Fußboden mit dem Steinplattenmuster und den eingesetzten Kieselsteinen.

RECHTE SEITE: Der große, offene Speiseraum hat eine bogenförmige blaue Wand mit einer Nische. Sie verdeckt den Eingang zur Küche.

nische Handschrift verleihen sollten und für die *palapa*-Dächer zuständig waren. Die Fußböden in den Innenhöfen sind aus Zement und Marmor hergestellt und werden nach dem Trocknen mit speziellen Werkzeugen aufgeraut, damit man gut barfuß darauf laufen kann und nicht ausrutscht, wenn sie nass sind.

Das Anwesen ist von einer hohen gelben Mauer umgeben und hat ein riesiges indisches Eingangstor aus dem 18. Jahrhundert, das aus Jodhpur stammt. Der runde Innenhof ist mit Steinen aus dem nahe gelegenen Fluss Chavon gepflastert und beherbergt auch die Carports mit *palapa*-Dach. Folgt man dem Weg zwischen den zwei Hauptgebäuden hindurch, so gelangt man in den vorderen Patio und in den Garten. Dabei passiert man eine Tür auf der rechten Seite, die in die hohe Eingangshalle mit dem von Ermenegildo entworfenen und in der Region hergestellten Kronleuchter führt. Durch das geschwungene Treppenhaus kommt man in das obere Stockwerk mit den Privaträumen.

Das zum Meer hin ausgerichtete Haus wird auf beiden Seiten von Nachbargebäuden flankiert, daher wurde besonderes Augenmerk auf die Wahrung der Privatsphäre gelegt. Aus diesem Grund wählte der Architekt eine Hufeisenform als Grundriss: Zwei große, durch eine gepflasterte Terrasse verbundene Gebäude umschließen den elliptischen Pool inmitten einer mit Palmen bewachsenen Rasenfläche, die sich bis hinunter zum Meer erstreckt. Im Erdgeschoss des Schlaftrakts befinden sich die Kinderzimmer, ein Büro und ein Medienraum, darüber liegt ein großes Schlafzimmer mit einer separaten Terrasse. Auf der anderen Seite öffnet sich ein riesiger Wohn- und Speisepavillon mit *palapa*-Dach zu einem Innenhof, wo die Mahlzeiten eingenommen werden oder man am Pool entspannen kann.

Ermenegildos Möbelauswahl ist sehr vielseitig. Er mischte östliche und westliche Stile mit seinen eigenen Entwürfen, die von moderner Schlichtheit sind, aber gut in die große Auswahl indonesischer, chinesischer und afrikanischer Möbel passen, die im ganzen Haus sorgfältig arrangiert wurden. Viele Stücke kommen aus der Galerie Nathalie Duchayne in Saint-Tropez. Für die Wohnbereiche in den *palapas* schuf Ermenegildo die für ihn typischen Sitzbänke aus Zement, die mit handgewebten mexikanischen Stoffen in Gelb und Orange gepolstert sind. Die gesamte Farbigkeit des Hauses

■ Der Duschkopf im großen Badezimmer hängt an einem geschälten Baumstamm, der die Leitungsrohre verdeckt.
LINKE SEITE: Ermenegildo entwarf die handgefertigte, von antiken philippinischen Leitern flankierte Badewanne aus Zement.

beschränkt sich auf diese beiden Töne, die Zimmer selbst sind in schlichtem Weiß gehalten. Einzige Ausnahme bildet die geschwungene Wand im Speisezimmer, die zur Abschirmung der Küche dient und in einem unverkennbaren mexikanischen Blau gestrichen ist.

Die örtliche internationale Gemeinde fand Gefallen an dem Anwesen, als sie die Harmonie der organischen Architektur erkannte. Ermenegildo baut nun für denselben Kunden ein weiteres Haus auf dem Areal von Casa de Campo – eines Tages wird er möglicherweise einen ganz neuen Stil für die gesamte Region prägen.

LINKE SEITE: Eine Reihe von Baumstämmen bildet eine natürliche Wand und schützt eine offene Sitzecke vor der Meeresbrise. Die bunten Kissen sind aus handgewebten mexikanischen Stoffen genäht.

■ Vom Swimmingpool aus kann man auf das Meer blicken. Seine elliptische Form ist durch eine kleine Vertiefung im Pflaster nachgezeichnet, den Zugang zum Pool markiert ein Schachbrettmuster aus Rasenplatten und Fliesen.

Die Sitzecke am Pool wird von einer Pergola überdacht. Hier bewirten die Hauseigentümer gerne ihre Gäste. SEITEN 234/235: Luftaufnahme der Casa Pacifica.

Index

Aldaco, Marco 154, 182
  Häuser *155, 183*

Almada, Jorge 56, 60, 83, 96
  Möbel und Interieurs *57–59,* 62,
    67, 74
  Haus 56, *57–63,* 60–62

Alvarez, Margarita 42
  Haus am See, Interieur *43–45*

Aranjuez (Hazienda) 102, *103–109,*
    104, 108–109

Barragán, Luis 18, 28
  Kapelle Capuchinas
    Sacramentarias *16,* 18
  Haus *20, 21,* 21–22, 23
  Einfluss 11, 42
  Landschaftsdesign 22

Basilika San Antonio de Padua
    111, 112

de Berrio, Familie 100
  Hazienda 96, *96–101,* 99–100

Brignone, Gianfranco 182
  Haus 182, *183*

Brown, James und Alexandra 102
  Haus 102, *103–109,* 104,
    108–109

Burillo, Roberto 99–100
  Restaurierung der Hacienda de
    Jaral de Berrio 96, *97–101,*
    99, 100

Cabo San Lucas 169, 172

Campeche 115, 121, 125, 149

Capuchinas Sacramentarias (Kapelle)
    16, 18, *18*

Careyes 153–154, 159, 179, *179–181,*
    182, 185, 189, 194, 209,
    220, 224
  Häuser *178–193, 218–223*

Casa Aramara *174–177,* 175–176

Casa Arcadia 205
  Pool-Haus *202–203*

Casa Colibri *184–193,* 185, 189

Casa Colorada *38–41,* 39–41

Casa de Campo 224, 230
  Haus 224, *225–235,* 229–230

Casa Luna *218,* 219–220, *220–223*

Casamidy (Designfirma) 56, 60–62,
    66–67, 78, 83, 96
  Möbel *57–59, 62, 74*

Casa Midy (Haus) 56, *57–63,* 60–62

Casa Pacifica 224, *225–235,* 229–230

Casa Stream *80, 81, 82,* 83, *83*

Casa Torre *206*
  Swimmingpool *206*

Casa Tortuga 154, *168,* 169,
    170–173, 172

Casitas de las Flores *181*

Chichén Itzá *11*

Colima *9*

Couturier, Robert 88, 198
  La Loma *195–199,* 198, *204*
  Restaurierung der Hacienda
    de San Antonio 88, 93, *88,*
    90–95, 206

Cuixmala 198, 205
  Goldsmith Anwesen *194–207*

Ermenegildo, Duccio 154, *155,* 159,
    185, 189, 205, 224
  Casa Arcadia, Pool-Haus *6–7,*
    202–203, 205
  Casa Colibri *184–193,* 185, 189
  Casa Pacifica 224, *225–235,*
    229–230
  Casa Torre, Pool-Haus *206*

Francis, Joe 175
  Haus *174–177,* 175–176

Gardner, Dorsey 65
  Haus *64, 65–67, 66–75,* 71, 74

Goldsmith, Isabel 209
  Anwesen *208–217,* 209, 215

Goldsmith, James 88, 93, 194, 205
  Cuixmala, Anwesen 194, *194–207,*
    198, 205–206
  Hazienda 85, 88, *88–95,* 93, 206

Gonzalez, Anibal 139, 140, 145
  Hazienda *138–147,* 139–140,
    145–146

Guinness, Loel und Gloria 182

Haziendas 15, *84,* 85–86, 87,
    110–113
  Aranjuez 102, *103–109,* 104,
    108–109
  Jaral de Berrio 96, *96–101,*
    99, 100
  Katanchel *138–147,* 139–140,
    145–146
  Puerta Campeche *2, 148,* 149,
    150, 151
  San Antonio *9,* 85, 88, *88–95,*
    93, 206
  San José Carpizo *84,* 120, 121–122,
    122, 123
  San Juan Tlacatecpan *86*
  Santa Rosa de Lima *124–129,* 125,
    129
  Temozon *113,* 130, *131–137,* 134,
    137
  Uayamon *114,* 115–116, *116–119*

Haenisch, Trip 175–176
    Casa Aramara *174–177, 175–176*

Haus am See 42, *43–45*, 44

Hernandez, Mari Carmen 157
    Haus *156–167*, 157, 159, 163, 166

Hernandez, Monica 139, 140,
    145–146
    Hazienda *138–147, 139–140,*
    145–146

Izamal 111, *112*, 139, 145–146

Jaral de Berrio (Hazienda) 96, *96–101,*
    99–100

Katanchel (Hazienda) *138–147,*
    139–140, 145–146

La Loma *195–199, 198, 204*

La Meta *156–167*, 157, 159, 163, 166

La Parroquia *52*

La Peña *46*

Las Alamandas *208–217*, 209, 215

Lawrence-Bullard, Martyn 175–176
    Casa Aramara *174–177, 175–176*

Legorreta, Ricardo 30, 39, 41
    Casa Colorada *38–41, 39–41*

Legorreta, Victor 39
    Casa Colorada *38–41, 39–41*

Lomas de Chapultepec 25

Marcaccini, Alix und Goffredo 93,
    205–206
    Hazienda 85, 88, *88–95, 93*, 206
    Wohnsitz *6–7, 202–203*, 205

Martynus-Tripp 175
    Casa Aramara *174–177, 175–176*

Mascarenas, Guillermo und Olga 33
    Haus *1, 32*, 33, *34–37, 36*

McCormack, Gerald 77
    Haus 55, *55, 76*, 77–78, *78, 79*

Mendoza, Diego de 130

Mestre, Manolo 18, 25–26, 30,
    33, 154
    Apartment *24–29, 25*, 28
    Casa Luna *218, 219–220, 220–223*
    Las Alamandas *208–217*, 209, 215
    Malinalco Haus *10*
    Mascarenas Wohnsitz *1, 32*, 33,
    34–37, 36
    weitere Projekte *31, 154*

Mexiko-Stadt 14–15, *16, 17*, 17–18
    Wohnsitze 20–29

Michoacán *8*

Midy, Anne-Marie 56, 62, 65, 78,
    83, 96
    Möbel und Interieurs *57–59*, 62,
    67, 71–72, 74
    Haus 56, *57–63, 60–62*
    Renovierung des Gardner-Hauses
    64, 65–67, *66–75*, 71, 74

Miguel Alemán (Stausee) *1, 11*, 18,
    19, 30, 30, 33

Mitu 60, *72*, 78

Norten, Enrique 30

Oaxaca *11, 14*, 102, 104

Palevsky, Alison 169, 172
    Haus *168*, 169, *170–173, 172*

Playa Rosa *181, 182*

Puebla *13*

Puerta Campeche (Hazienda) *2, 148*,
    149, *150, 151*

Puerto Vallarta 153–154, 175

Punta Mita 175

Reyes Rios, Salvador 115
    Hacienda Uayamon, Pool *117*

San Antonio (Hazienda) *9*, 85, 88,
    88–95, 93, 206

San Antonio de Padua (Basilika)
    111, 112

San José Carpizo (Hazienda) *84, 120*,
    121–122, *122, 123*

San Juan Tlacatecpan (Hazienda) *86*

San Miguel de Allende 10, *50*, 51–53,
    52–55, 55
    Historische Gebäude *50, 52*,
    52–53, 55
    Häuser *53, 55*, 56–83

Santa Rosa de Lima (Hazienda)
    124–129, 125, 129

Shetter, Sarah 172
    Casa Tortuga *168*, 169,
    170–173, 172

Sollano, Bischof *65*

Stream, Jamie und Spook 81
    Haus *80*, 81, *82*, 83, *83*

Sutton, Spenser 83
    Casa Stream *80*, 81, *82*, 83, *83*

Tacubaya 18, 21

Temozon (Hazienda) *113*, 130,
    131–137, 134, 137

Tenochtitlán 14

Teotihuacán 25, 28

Tribull, Chris 219
    Haus *218*, 219–220, *220–223*

Troncones 159

Tung, Leslie 60, 77
    Haus *55, 76*, 77–78, *78, 79*

Uayamon (Hazienda) *114*, 115–116,
    116–119

Valle de Bravo *1, 12, 19*, 30, 33
    Häuser *11, 31*, 32–49

Villaseñor, Diego 42
    Haus am See 42, *43–45*, 44

Vogel, Arnoldo 88

Volcán de Fuego *9*, 90–91

Yturbe, José de 30
    Haus *11*, 46–49, *47, 48*

Yucatán 110, 113
    Haziendas *113*, 114–151

Zavala, Sebastian 65
    Renovierung des Gardner-Hauses
    64, 65–67, *66–75*, 71, 74

Zozaya, Enrique 154, 159
    La Meta *156–167*, 157, 159,
    163, 166

Danksagung

■ Carolina von Humboldt,
Ahmad Sardar-Afkhami,
Annie Kelly, Tim Street-
Porter und Manolo Mestre
auf einer Expedition zur
Hacienda San José Carpizo.

FÜR DIE ARBEIT AN DIESEM BUCH HABEN WIR uns auf eine wundervolle Reise durch Mexiko begeben, auf der uns viele gute Freunde begleitet haben.

Die Idee zu diesem Titel entstand während eines Besuches bei Jorge Almada und Anne-Marie Midy in San Miguel de Allende. Ihr ausgeprägter Sinn für den mexikanischen Lebensstil inspirierte uns ungemein. Aber auch ohne unseren Freund Manolo Mestre wäre dieses Buch nie zustande gekommen.

Duccio Ermenegildo und Nicolle Meyer waren unsere Inspirationsquellen in Careyes. Auch zu Anibal Gonzalez und Monica Hernandez entstand eine freundschaftliche Verbindung, als wir auf der Hacienda Katanchel weilten, wo uns der Künstler James Brown mit vielen Tipps versorgte. In Campeche machte Manolo uns mit Carlos Vidal bekannt, dem Chef des INAH (Mexikanisches Zentrum für Anthropologie und Geschichte), der uns auf eine Expedition zu der Hacienda San José Carpizo schickte.

In Los Angeles standen unsere Nachbarn Sergio und Marie Nicolau uns stets mit Rat und Tat zur Seite; Mike Kelly sorgte für technische Unterstützung, der Innenarchitekt Martyn Lawrence-Bullard übte wertvolle Kritik und Gregorio Luke, der Direktor des Museum of Latin American Art in Long Beach, war ein begeisterter Befürworter unseres Projekts. Charles Sanchez assistierte Tim auf einer Tour zu den Haziendas von Yucatán für das Magazin *Condé Nast Traveller,* und auch Christin Markmann, Tims Büromanagerin und Assistentin, war eine unverzichtbare Hilfe.

Weitere Unterstützung erfuhren wir von Alejandro Pelayo, dem mexikanischen Konsul für Kulturangelegenheiten in Los Angeles, der uns nach Kräften half, dieses Buch zu ermöglichen.

Von *Architectural Digest,* dem einzigen Magazin, das sich der mexikanischen Architektur in dieser Ausführlichkeit widmet, bekamen wir grünes Licht für die Verwendung einiger Fotos. Auch hierfür ein herzliches Dankeschön.

Abschließend gilt unser Dank natürlich allen Besitzern der hier präsentierten Häuser – dafür, dass sie uns die Türen zu ihren unvergleichlichen Domizilen geöffnet haben.